# parrilladas

Ensalada de carne de res
sellada estilo asiático, pág. 178

Salsa barbecue ahumada,
pág. 56

Callos de hacha con mantequ
de azafrán, pág. 82

Ensalada de pulpos pequeños
marinados, pág. 76

Hamburguesas de cordero
picante de merguez, pág. 214

Brochetas de hígado de corde
con pancetta, pág. 232

Carne de res con especias chinas
y fideo de arroz grueso, pág. 180

Ternera asada con salsa de atún,
pág. 184

Hummus, pág. 38

RACHAEL LANE

# parrilladas

DELICIOSAS RECETAS PARA UNA VIDA SALUDABLE

Este libro fue ideado, editado y diseñado por McRae Books
McRae Publishing Ltd, Londres
Editores Anne McRae, Marco Nardi

Derechos de autor © 2011 McRae Books Srl
Todos los derechos de autor están reservados. Queda prohibida la reproducción por cualquier medio.
Directora de Proyecto  Anne McRae
Director de Arte  Marco Nardi
Fotografía  Paul Nelson (R&R Photostudio)
Texto  Rachael Lane, Carla Bardi
Edición  Foreign Concept
Estilista de Alimentos  Lee Blaylock
Diseño  Filippo Delle Monache
Preimpresión  Filippo Delle Monache
Traducción  Laura Cordera L. y Concepción O. de Jourdain

Título Original / Original Title:  Grilling / Parrilladas

Importado y publicado en México en 2013 por / Imported and published in Mexico in 2013 by:
Advanced Marketing, S. de R. L. de C. V.
Calz. San Francisco Cuautlalpan no. 102 Bodega D,
Col. San Fco. Cuautlalpan, Naucalpan, Edo. de México,  C. P. 53569

Fabricado e impreso en China en octubre 2012 por / Manufactured and printed in China on October 2012 by: C&C Joint Printing Co., (Shanghai) Ltd.
No. 3333, Cao Ying Road, Qing Pu, Shanghai, 201712, China

NOTA PARA NUESTROS LECTORES
Al consumir huevos o claras de huevo que no estén totalmente cocidos tiene el riesgo de contraer salmonelosis o envenenamiento por alimentos. Este riesgo es mayor en mujeres embarazadas, personas de la tercera edad, niños pequeños y personas con sistema inmunológico débil. Si esto le causa preocupación, puede utilizar claras de huevo en polvo o huevos pasteurizados.

ISBN 978-607-404-787-5
13 12 11 10 9 8 7 6 5 4 3 2 1

# Contenido

Introducción 10

Eligiendo un Platillo Asado

  a la Parrilla 12

Chutneys, Salsas y Dips 16

Pescados y Mariscos 60

Aves 110

Carne de Ternera y Res 170

Carne de Puerco y Cordero 210

Verduras, Queso y Fruta 272

Índice 316

# Introducción

La simple mención de la palabra asando nos trae a la memoria visiones de cálidas tardes de verano y parrilladas con familiares y amigos. Es el momento en que muchos hombres que nunca pisan la cocina participen en una parrillada asando pilas de hamburguesas, piernas de pollo y filetes para todos los comensales. Asar a la parrilla es divertido además de que los alimentos asados son saludables. El calor seco de las flamas derrite la grasa de la carne, cocinándola rápidamente y haciéndola magra. Las verduras, pescados, mariscos y fruta están listos en un abrir y cerrar de ojos cuando se asan a la parrilla, permitiendo que conserven sus vitaminas y minerales esenciales.

En este libro usted encontrará más de 140 recetas para preparar platillos asados a la parrilla, desde aquellos hechos con carne de puerco, cordero y res hasta aquellos con pollo, pescados, mariscos, verduras y fruta. La mayoría de las recetas para los platillos de carne, pescados y mariscos también incluyen una ensalada o guarnición para que usted pueda crear comidas completas si así lo prefiere. También hemos incluido un primer capítulo con salsas saludables, chutneys y dips hechos en casa, a los cuales hacemos referencia en todo el libro.

Prácticamente todas las recetas que presentamos en este libro se pueden preparar tanto en asadores a la intemperie como en aquellos para el interior, permitiéndole disfrutar de los beneficios saludables de las parrilladas durante todo el año. ¡Disfrútelo!

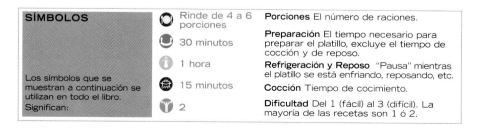

| **SÍMBOLOS** | | Rinde de 4 a 6 porciones | **Porciones** El número de raciones. |
| --- | --- | --- | --- |
| | | 30 minutos | **Preparación** El tiempo necesario para preparar el platillo, excluye el tiempo de cocción y de reposo. |
| | | 1 hora | **Refrigeración y Reposo** "Pausa" mientras el platillo se está enfriando, reposando, etc. |
| Los símbolos que se muestran a continuación se utilizan en todo el libro. Significan: | | 15 minutos | **Cocción** Tiempo de cocimiento. |
| | | 2 | **Dificultad** Del 1 (fácil) al 3 (difícil). La mayoría de las recetas son 1 ó 2. |

página opuesta: schnitzel de ternera incrustada con gremolata, pág. 182

# eligiendo un platillo asado a la parrilla

Este libro tiene más de 140 recetas para preparar deliciosos platillos asados a la parrilla, algo para cada gusto y para cualquier ocasión. Pero, ¿qué sucede si usted no es un cocinero experimentado o sólo tiene algunos ingredientes en el refrigerador? La sección de recetas SENCILLAS que presentamos a continuación le resolverá el primer problema y la sección de CON SÓLO UNOS CUANTOS INGREDIENTES de la página 14 le resolverá el segundo. ¿Quiere preparar alguna de las recetas favoritas de antaño? Vea también nuestras sugerencias para recetas VEGETARIANAS, OPCIONES SALUDABLES y LAS SELECCIONES DEL EDITOR.

## SENCILLAS

ostiones asados con pancetta, pág. 80

hamburguesas de cordero picantes de merguez , pág. 214

jalea de chile, pág. 24

fajitas de pollo con pimiento, pág. 116

pollo cajún con ensalada de aguacate y toronja, pág. 156

hotcakes de moras azules y canela, pág. 314

sirloin a la parrilla con salsa chimichurri, pág. 208

## VEGETARIANAS

salsa de jitomate y pimiento asado, pág. 42

sándwiches asados de verduras, pág. 278

queso y polenta asados, pág. 300

peras asadas con dukkah de yogurt de agua de rosas y pistache, pág. 306

costillas de cordero con relleno de uvas pasas, queso feta y piñones, pág. 242

## RETADORAS

pollo piri-piri con limones asados, pág. 134

pato con vinagre de naranja y caramelo, pág. 162

cordero mechoui estilo marroquí, pág. 266

filetes de rib-eye con jitomates asados y salsa bearnesa, pág. 202

pancita de puerco asada estilo chino, pág. 256

## CON SÓLO UNOS CUANTOS INGREDIENTES

brochetas de camarón con mayonesa de wasabe, pág. 70

pollo yakatori, pág. 124

piernas de pollo con miel de abeja, salsa de soya y ajonjolí, pág. 150

higos rellenos de queso gorgonzola y envueltos en prosciutto, pág. 296

toronja asada con azúcar de vainilla, pág. 312

## OPCIONES SALUDABLES

brochetas de callo de hacha asadas con vinagreta de naranja y chile, pág. 84

hamburguesas de atún niçoise, pág. 64

pavo con quinoa de nuez e higos, pág. 160

hamburguesas de arroz integral y lentejas, pág. 274

duraznos asados con sorbete de frambuesa, pág. 310

## CLÁSICAS

t-bones con papas fritas cortadas a mano y huevos
estrellados, pág. 200

brochetas de res satay
estilo indonesio, pág. 186

pollo asado con ensalada
César, pág. 130

fajitas con frijoles refritos y
salsa mexicana, pág. 176

costillas de puerco con
ciruela sazonada, pág. 258

## LA SELECCIÓN DEL EDITOR

callos de hacha con
mantequilla de azafrán,
pág. 82

tortitas de pollo tai, pág.
120

hamburguesa de carne de res y tocino con jalea
de cebolla, pág. 172

pechuga de pollo rellena
con ratatouille, pág. 138

brochetas de puerco
asadas, pág. 236

ensalada de queso de
cabra y ciruela, pág. 280

plátanos asados con salsa
de chile y chocolate, pág.
304

# Chutneys,
# Salsas
# y Dips

# chutney de tomate y manzana

Para esterilizar los frascos y tapas antes de rellenarlos, lávelos cuidadosamente y coloque tanto los frascos como las tapas sobre una rejilla de alambre en una sartén grande. Asegúrese de que no se toquen entre ellos. Cubra con agua hirviendo y hierva a fuego lento durante 10 minutos. Retire con ayuda de unas pinzas y deje secar, boca abajo, sobre toallas de cocina limpias.

Rinde 5-6 tazas

30 minutos

12 horas

1 ½ horas

1

2 kg (4 ½ lb) de tomate verde, cortado en cubos pequeños

3 cebollas blancas medianas, cortadas en cubos pequeños

3 manzanas verdes ácidas para cocinar, sin piel, descorazonadas y cortadas en cubos pequeños

1 ½ taza (375 ml) de vinagre de sidra

1 ½ taza (300 g) de azúcar

⅓ taza (60 g) de uvas pasas doradas (sultanas)

4 chiles rojos secos pequeños, finamente picados

3 hojas de laurel

2 cucharaditas de sal

2 cucharaditas de semillas de mostaza negra

1 cucharadita de granos de pimienta negra

1 cucharadita de clavo de olor entero

1. Mezcle los tomates, cebollas, manzanas, vinagre de sidra y azúcar en una olla grande de base gruesa sobre fuego medio-bajo. Mezcle hasta integrar y hierva a fuego lento hasta que el azúcar se haya disuelto. Agregue las uvas pasas doradas, chiles, hojas de laurel, sal y semillas de mostaza. Mezcle hasta integrar.

2. Coloque los granos de pimienta y clavo de olor sobre un trozo pequeño de manta de cielo. Junte las puntas y ate con cordel de cocina para hacer una bolsa de especias. Agregue la bolsa de especias a la olla y lleve a ebullición. Cuando suelte el hervor disminuya el fuego y hierva a fuego lento alrededor de 1 ½ hora, mezclando frecuentemente, hasta que espese. Saque y deseche la bolsa de especias.

3. Usando una cuchara pase el chutney a frascos esterilizados y selle. Deje enfriar durante toda la noche antes de servir.

4. Almacene en un lugar fresco y oscuro hasta por seis meses. Refrigere después de abrir.

Si a usted le gustó esta receta, también le gustarán:

**chutney** de betabel a las especias
20

**chutney** dulce de mango
22

**chutney** de jitomate sazonado
28

# chutney de betabel a las especias

Este chutney combina perfectamente con carne de res, puerco, pollo y queso. Los betabeles manchan las manos por lo que recomendamos que se asegure de usar guantes para alimentos cuando los prepare.

- Rinde 2-3 tazas
- 20 minutos
- 12 horas
- 1 1/2 horas
- 1

| | |
|---|---|
| 2 | betabeles grandes, sin piel y toscamente rallados |
| 2 | cebollas moradas medianas, partidas a la mitad y finamente rebanadas |
| 3/4 | taza compacta (150 g) de azúcar mascabado claro |
| 3/4 | taza (180 ml) de vinagre de vino tinto |

| | |
|---|---|
| | Jugo recién exprimido de 1 naranja |
| 1 | raja de canela |
| 1 | anís estrella |
| 1 | cucharadita de granos de pimienta negra enteros |
| 1 | cucharadita de clavo de olor entero |

1. Mezcle los betabeles, cebollas, azúcar mascabado, vinagre, jugo de naranja y raja de canela en una olla mediana de base gruesa sobre fuego medio-bajo. Mezcle hasta integrar.

2. Coloque las especias restantes sobre un trozo pequeño de manta de cielo. Junte las puntas y ate con cordel de cocina para hacer una bolsa de especias. Agregue la bolsa de especias a la olla y lleve a ebullición. Cuando suelte el hervor disminuya el fuego y hierva a fuego lento alrededor de 1 1/2 hora, mezclando frecuentemente, hasta que espese.

3. Usando una cuchara pase el chutney a frascos esterilizados y selle. Deje enfriar durante toda la noche antes de servir. Almacene en el refrigerador hasta por dos meses.

Si a usted le gustó esta receta, también le gustarán:

**chutney** de tomate y manzana

18

**jalea** de cebolla caramelizada

26

**salsa** barbecue ahumada

56

# chutney dulce de mango

El término "chutney" proviene de la palabra hindi de *chutni* (o *chatni*). Los chutneys son salsas espesas que a menudo tienen trozos de algún ingrediente. Son salsas indias que se sirven como acompañamiento para platos principales.

Rinde 2-3 tazas

30 minutos

12 horas

45–50 minutos

1

| | |
|---|---|
| 3 | mangos medianos maduros, sin piel ni hueso y cortados en dados de 2.5 cm (1 in) |
| 1 | taza (250 ml) de vinagre blanco |
| ¾ | taza compacta (150 g) de piloncillo (sin procesar o azúcar de palma) toscamente rallado o azúcar mascabado claro |
| 1 | trozo (5 cm/2 in) de jengibre, sin piel y toscamente rallado |

| | |
|---|---|
| 2 | cucharadas de aceite vegetal |
| ½ | cucharadita de semillas de comino |
| ½ | cucharadita de chiles secos desmoronados u hojuelas de chile rojo |
| ½ | cucharadita de semillas de cilantro molidas |
| ¼ | cucharadita de semillas de mostaza negra |
| ¼ | cucharadita de cúrcuma molida |

1. Mezcle los mangos, vinagre, piloncillo y jengibre en un tazón grande hasta integrar.

2. Caliente el aceite en una olla mediana de base gruesa sobre fuego medio-bajo. Agregue las semillas de comino, chiles, semillas de cilantro, mostaza y cúrcuma; saltee alrededor de 30 segundos, hasta que aromatice.

3. Agregue la mezcla de mango, revuelva hasta integrar y lleve a ebullición. Cuando suelte el hervor disminuya el fuego y hierva a fuego lento alrededor de 45 minutos, hasta que los mangos se hayan suavizado y el chutney esté espeso.

4. Usando una cuchara pase el chutney a frascos esterilizados y selle. Deje enfriar durante toda la noche antes de servir. Almacene en el refrigerador hasta por dos meses.

Si a usted le gustó esta receta, también le gustarán:

**chutney** de tomate y manzana

18

**chutney** de betabel a las especias

20

**chutney** de jitomate sazonado

28

# jalea de chile

Esta jalea sumamente sazonada se puede servir con carne de res, puerco, pescado, verduras y queso.

Rinde 1 1/2 tazas

20 minutos

12 horas

80 minutos

1

| | |
|---|---|
| 2 | pimientos (capsicums) rojos grandes |
| 180 g (6 oz) | de chiles rojos grandes |
| 90 g (3 oz) | de chiles de árbol frescos o chiles serranos rojos |
| 1/2 | taza (125 ml) de aceite vegetal + el necesario para sellar |
| 2 | cebollas blancas medianas, finamente picadas |
| 3 | dientes de ajo, finamente picados |
| 1/2 | taza compacta (100 g) de azúcar de piloncillo (no procesada) toscamente rallada o azúcar mascabado claro |
| 3 | cucharadas de salsa de pescado tai |
| 2 | cucharadas de puré de tamarindo |

1. Precaliente un asador para intemperie o interior o el asador de su horno a temperatura media-baja.

2. Coloque los pimientos sobre o debajo del asador y cocine, volteando ocasionalmente, hasta que la piel se ampolle y queme. Pase a un tazón, cubra con plástico adherente y reserve durante 15 minutos para que se enfríen ligeramente.

3. Retire la piel y las semillas de los pimientos. Pique finamente.

4. Usando guantes para manejar alimentos para evitar que el chile lo queme, retire las semillas y pique los chiles rojos grandes y los otros chiles.

5. Caliente el aceite en una olla mediana de base gruesa sobre fuego medio-bajo. Agregue las cebollas y hierva a fuego lento alrededor de 5 minutos, hasta que estén suaves. Añada el ajo, chiles y pimiento; disminuya el fuego a bajo y hierva a fuego lento alrededor de una hora, mezclando frecuentemente al final de la cocción, hasta que espese y esté de color rojo oscuro.

6. Agregue el azúcar, salsa de pescado y puré de tamarindo. Cocine alrededor de 15 minutos, hasta que esté espesa y pegajosa.

7. Usando una cuchara pase la jalea de chile a frascos esterilizados de vidrio y selle. Deje enfriar durante toda la noche antes de servir. Almacene en un lugar fresco y oscuro hasta por 6 meses. Refrigere después de abrir.

Si a usted le gustó esta receta, también le gustarán:

**chutney** de jitomate sazonado

28

**salsa** de piña, chile y cilantro

44

**salsa** de chile dulce

52

# jalea de cebolla caramelizada

Esta jalea de cebolla dulce combina maravillosamente con carne de res, puerco, pescado y queso.

Rinde 3 tazas

15 minutos

12 horas

60–75 minutos

1

| | |
|---|---|
| 3 | cucharadas de aceite de oliva extra virgen |
| 1 kg (2 lb) | de cebolla blanca, finamente rebanada |
| 1 | taza compacta (200 g) de azúcar mascabado claro |
| 3/4 | taza (180 ml) de vinagre de malta |
| 2 | cucharadas de mostaza (de grano) con semillas |
| 1 | cucharadita de ralladura fina de naranja |
| 3 | moras de junípero, trituradas |

1. Caliente el aceite en una olla mediana de base gruesa sobre fuego bajo. Agregue la cebolla, mezcle para cubrir y hierva a fuego lento de 30 a 45 minutos, mezclando frecuentemente, hasta que se caramelice.

2. Agregue todos los ingredientes restantes, mezcle hasta integrar y lleve a ebullición. Cuando suelte el hervor disminuya el fuego y hierva a fuego lento alrededor de 30 minutos, mezclando frecuentemente, hasta que esté espesa y pegajosa.

3. Usando una cuchara pase la jalea a frascos de vidrio esterilizados y selle. Deje enfriar durante toda la noche antes de servir. Almacene en el refrigerador hasta por dos meses.

Si a usted le gustó esta receta, también le gustarán:

**chutney** dulce de mango

22

**chutney** de jitomate sazonado

28

**salsa** de mojito de mango

46

# chutney de jitomate sazonado

Esta receta proviene directamente de la India, en donde se conoce con el nombre de kasaundi. Acompáñela con pollo, carne de puerco, pescado, verduras y queso.

Rinde 2 tazas

30 minutos

12 horas

1/2 hora aprox.

1

**1 kg (2 lb) de jitomate**
**3 cucharadas de aceite vegetal**
**5 dientes de ajo, finamente picados**
**1 cucharada de jengibre, finamente rallado**
**1 chile rojo grande, sin semillas y finamente picado**
**2 cucharaditas de semillas de mostaza amarillas**
**1 cucharadita de semillas de mostaza negra**

**1 cucharada de semillas de cilantro, molidas**
**2 cucharaditas de cúrcuma molida**
**2 cucharaditas de chile en polvo**
**2 cucharaditas de comino molido**
**1 taza (250 ml) de vinagre de malta**
**3/4 taza (150 g) de azúcar**
**1 cucharadita de sal**

1. Ponga a hervir agua en una olla grande. Marque una cruz en la base de los jitomates y blanquee durante 10 segundos. Refresque debajo del chorro de agua fría. Retire y deseche las pieles. Corte los jitomates transversalmente a la mitad, retire las semillas y pique la carne toscamente.

2. Caliente el aceite en una olla mediana sobre fuego medio-bajo. Agregue el ajo, jengibre, chile y semillas de mostaza amarilla y negra; saltee alrededor de 5 minutos, hasta que el ajo esté transparente. Agregue las semillas de cilantro, cúrcuma, chile en polvo y comino; mezcle alrededor de 20 segundos, hasta que aromatice.

3. Integre los jitomates, vinagre, azúcar y sal y lleve a ebullición. Cuando suelte el hervor disminuya el fuego a bajo y hierva a fuego lento de 1 a 1 1/2 hora, mezclando ocasionalmente, hasta que espese.

4. Usando una cuchara pase el chutney a frascos de vidrio esterilizados y selle. Deje enfriar durante toda la noche antes de servir. Almacene en un lugar fresco y oscuro hasta por 6 meses. Refrigere después de abrir.

Si a usted le gustó esta receta, también le gustarán:

**chutney** de tomate y manzana

18

**salsa** de jitomate

54

**salsa** barbecue ahumada

56

# tapenade de aceituna verde

Esta pasta española combina bien con carne de cordero, pollo, pescado, verduras y queso. También se puede untar sobre pan fresco o tostado y servirlo como una botana. Varíe la receta usando aceitunas negras.

Rinde 1 taza

5–10 minutos

1 ½ taza (225 g) de aceitunas verdes sin hueso

½ taza (15 g) de perejil de hoja plana fresco

2 dientes de ajo, toscamente picados

1 cucharada de alcaparras en salmuera, enjuagadas

1

3 filetes de anchoa, toscamente picados

1 cucharada de jugo de limón amarillo recién exprimido

3 cucharadas de aceite de oliva extra virgen

Sal y pimienta negra recién molida

1. Mezcle las aceitunas, perejil, ajo, alcaparras y anchoas en un procesador de alimentos y pulse hasta moler toscamente. Agregue el jugo de limón y añada gradualmente el aceite, mezclando hasta obtener una pasta tersa. Sazone con sal y pimienta.

2. Use inmediatamente o almacene en un recipiente con cierre hermético en el refrigerador hasta por una semana.

Si a usted le gustó esta receta, también le gustarán:

**baba** ganoush de berenjena ahumada

32

**hummus**

38

**guacamole**

40

# baba ganoush de berenjena ahumada

El baba ganoush es una pasta originaria del Medio Oriente hecha con berenjena asada y tahini (pasta de ajonjolí). Combina bien con carne de cordero, pollo o verduras. También es delicioso cuando se unta sobre pan fresco o tostado.

Rinde 2 tazas

15 minutos

1 hora

15 minutos

2

1 kg (2 lb) de berenjena (aubergine)

2  dientes de ajo, toscamente picados

3  cucharadas de tahini

2  cucharadas de jugo de limón amarillo recién exprimido

2  cucharadas de aceite de oliva extra virgen
Sal y pimienta negra recién molida

1. Precaliente un asador a temperatura alta.

2. Coloque las berenjenas enteras sobre la parrilla y cocine alrededor de 15 minutos, volteando ocasionalmente, hasta que las pieles estén quemadas y la carne se haya suavizado. Reserve alrededor de una hora, para que se enfríen.

3. Si lo desea, puede precalentar el horno a 200°C (400°F/gas 6) y hornear las berenjenas alrededor de 45 minutos, hasta que estén suaves.

4. Retire las pieles quemadas usando papel de cocina y pique la carne toscamente.

5. Mezcle la berenjena, ajo, tahini, jugo de limón y aceite en un procesador de alimentos hasta integrar. Sazone con sal y pimienta.

6. Use de inmediato o almacene en un recipiente con cierre hermético en el refrigerador de 4 a 5 días.

Si a usted le gustó esta receta, también le gustarán:

**tapenade** de aceituna verde

30

**tzatziki**

34

**hummus**

38

# tzatziki

El tzatziki es un delicioso dip o salsa originaria de Grecia y Turquía. Se prepara con yogurt cremoso y espeso, menta, pepino, aceite y jugo de limón amarillo. Combina bien con carne de cordero, pollo y verduras.

Rinde 2 tazas

15 minutos

20 minutos

1

| | |
|---|---|
| 1 | pepino libanés o común |
| 1 | cucharadita de sal |
| 1 ½ | taza (375 g) de yogurt natural estilo griego |
| 1 | cucharada de jugo de limón amarillo recién exprimido |
| 1 | cucharada de aceite de oliva extra virgen |

| | |
|---|---|
| 1 | cucharada de menta fresca, finamente picada |
| 1 | diente de ajo, finamente picado |

1. Retire la piel del pepino longitudinalmente en tiras alternadas, creando un efecto a rayas. Parta el pepino longitudinalmente a la mitad y, usando una cuchara, raspe y deseche las semillas. Ralle la carne toscamente.

2. Coloque en un colador, espolvoree con sal y deje escurrir sobre un tazón durante 20 minutos.

3. Exprima el pepino con sus manos para retirar todo el líquido restante. Pase la carne a un tazón mediano. Agregue el yogurt, jugo de limón, aceite, menta y ajo. Mezcle hasta integrar.

4. Use de inmediato o almacene en un recipiente con cierre hermético en el refrigerador de 4 a 5 días.

Si a usted le gustó esta receta, también le gustarán:

**hummus**

38

**guacamole**

40

**mayonesa**

58

# pesto

El pesto es una salsa italiana clásica de Liguria, al noreste de Italia. También es deliciosa cuando se usa para acompañar carne de cordero, pollo, pescado, verduras y queso o cuando se unta sobre pan fresco o tostado.

Rinde 1 1/2 tazas

15 minutos

1

| | |
|---|---|
| 1/2 | taza (90 g) de piñones, ligeramente tostados |
| 2 | dientes de ajo, toscamente picados |
| 1/2 | taza (60 g) de queso parmesano, toscamente picado |
| 3/4 | taza (180 ml) de aceite de oliva extra virgen |
| 3 | tazas (150 g) de hojas de albahaca |
| | Sal y pimienta negra recién molida |

1. Coloque los piñones y el ajo en un procesador de alimento y mezcle hasta obtener una pasta tersa.

2. Agregue el queso y la mitad del aceite. Mezcle hasta integrar. Añada las hojas de albahaca y pulse, deteniéndose para bajar la mezcla que quede en las paredes del procesador, hasta integrar.

3. Añada gradualmente el aceite restante y mezcle hasta que se forme una pasta. Sazone con sal y pimienta.

4. Use de inmediato o almacene en un recipiente con cierre hermético en el refrigerador de 4 a 5 días.

Si a usted le gustó esta receta, también le gustarán:

**tapenade** de aceituna verde

30

**hummus**

38

**guacamole**

40

# hummus

El hummus (también conocido como hommos y houmous) es una pasta originaria del Medio Oriente hecha con garbanzos y tahini (pasta de ajonjolí). Es una deliciosa botana y combina bien con carne de cordero y verduras.

Rinde 3 tazas

15 minutos

12 horas

1 hora

1

1 taza (200 g) de garbanzo seco, remojado en agua fría durante toda la noche

⅓ taza (90 ml) de aceite de oliva extra virgen + el necesario para rociar

¼ taza (60 ml) de jugo de limón amarillo recién exprimido

3 cucharadas de pasta tahini

3 dientes de ajo, toscamente picados

3 cucharaditas de comino molido

Sal

Una pizca de páprika dulce molida, para acompañar (opcional)

1. Escurra y enjuague los garbanzos. Coloque en una olla mediana, cubra con agua y lleve a ebullición. Cuando suelte el hervor disminuya el fuego y hierva a fuego lento alrededor de una hora, hasta que estén suaves. Escurra, reservando 1/2 taza (125 ml) del líquido de cocción.

2. Coloque los garbanzos, aceite, jugo de limón, tahini, ajo y comino en un procesador de alimentos y mezcle hasta obtener una pasta gruesa. Agregue gradualmente el líquido de cocción reservado, mezclando hasta obtener una pasta tersa. Sazone con sal.

3. Para servir, rocíe con un poco más de aceite y espolvoree con páprika si lo desea.

4. Use de inmediato o almacene en un recipiente con cierre hermético en el refrigerador de 4 a 5 días.

Si a usted le gustó esta receta, también le gustarán:

**baba ganoush** de berenjena ahumada

32

**tzatziki**

34

**guacamole**

40

# guacamole

El guacamole es un dip de aguacate machacado originario de México en donde ha sido preparado desde la época de los aztecas, si no es que antes. Combina bien con carne de res, cordero, pollo, pescado y verduras.

Rinde 1$^{1}/_{2}$ tazas

15 minutos

1

| 2 | aguacates, partidos longitudinalmente a la mitad y sin hueso | 2 | cebollitas de cambray, finamente rebanadas |
| 2 | cucharadas de jugo de limón verde recién exprimido | $^{1}/_{2}$ | chile verde serrano, sin semillas y finamente picado |
| 1 | diente de ajo, finamente picado | | Sal y pimienta negra recién molida |
| | | | Un chorrito de salsa Tabasco |

1. Use una cucharita para retirar la carne de un aguacate y colóquela en un procesador de alimentos con el jugo de limón y el ajo. Procese hasta obtener una mezcla tersa. Pase a un tazón mediano.

2. Retire la piel del otro aguacate, parta la carne en dados y agregue al puré preparado. Añada las cebollitas y el chile; mezcle hasta integrar. Sazone con sal, pimienta y salsa Tabasco.

3. Sirva de inmediato o durante el día en que lo preparó.

Si a usted le gustó esta receta, también le gustarán:

**tapenade** de aceituna verde

30

**tzatziki**

34

**mayonesa**

58

# salsa de jitomate y pimiento asado

La palabra "salsa" también se usa en italiano. A menudo se refiere a salsas frescas o dips que son populares en México y otros países de Latinoamérica. La que presentamos a continuación combina bien con carne de cordero, pollo y pescados.

Rinde 3 tazas

15 minutos

15 minutos

10–15 minutos

2

| | |
|---|---|
| 2 | pimientos (capsicums) rojos |
| 4 | jitomates medianos, picados en dados pequeños |
| 1 | cebolla morada pequeña, finamente picada |
| 1 | diente de ajo, finamente picado |
| 1 | chile rojo grande, sin semillas y finamente picado |

| | |
|---|---|
| 2 | cucharadas de vinagre de vino tinto |
| 2 | cucharadas de aceite de oliva extra virgen |
| 2 | cucharadas de perejil fresco, toscamente picado |
| | Sal y pimienta negra recién molida |

1. Precaliente un asador para intemperie o interior o el asador de su horno a temperatura media-baja.

2. Coloque los pimientos sobre o debajo del asador y cocine, volteando ocasionalmente, hasta que la piel se ampolle y se torne negra. Pase a un tazón, cubra con plástico adherente y reserve durante 15 minutos para que se enfríen ligeramente.

3. Retire la piel y las semillas de los pimientos. Pique finamente.

4. Mezcle los pimientos, jitomates, cebolla, ajo y chile en un tazón mediano. Agregue el vinagre, aceite y perejil. Mezcle hasta integrar. Sazone con sal y pimienta.

5. Sirva de inmediato o durante el día en que la preparó.

Si a usted le gustó esta receta, también le gustarán:

**salsa** de piña, chile y cilantro

44

**salsa** de mojito de mango

46

**salsa mexicana** de frijoles blancos y granos de elote

48

# salsa de piña, chile y cilantro

Esta salsa dulce y condimentada combina maravillosamente con carne de puerco, pollo y pescado.

**Rinde 4 tazas**

**15 minutos**

1

| | |
|---|---|
| ½ | piña fresca, sin cáscara, descorazonada y cortada en dados de 1.5 cm (2/3 in) |
| ½ | taza (15 g) de cilantro fresco, toscamente picado |
| 2 | chiles rojos serranos, sin semillas y finamente picados |
| 2 | cucharadas de cacahuates asados, toscamente picados |
| 2 | cucharadas de jugo de limón verde recién exprimido |
| 1 | cucharada de salsa de pescado tai |
| 2 | cucharaditas de piloncillo (azúcar de palma), finamente rallado o azúcar mascabado claro |
| 1 | cucharadita de jengibre, finamente rallado |
| 1 | cucharadita de aceite de ajonjolí |

1. Mezcle la piña, cilantro, chiles y cacahuates en un tazón mediano.

2. Coloque el jugo de limón, salsa de pescado, azúcar, jengibre y aceite en un tazón pequeño y mezcle hasta que el azúcar se haya disuelto.

3. Vierta la mezcla de jugo de limón sobre la mezcla de piña y revuelva hasta integrar.

4. Use de inmediato o almacene en un recipiente con cierre hermético en el refrigerador durante 2 ó 3 días.

Si a usted le gustó esta receta, también le gustarán:

**salsa** de mojito de mango

46

**salsa** de jengibre y pepino en salmuera

50

# salsa de mojito de mango

Un mojito es un coctel tradicional cubano y esta salsa incluye sus ingredientes básicos: ron blanco, azúcar y menta. Se puede servir para acompañar carne de puerco, pollo y pescado.

Rinde 3 tazas

15 minutos

1 hora

3–5 minutos

1

| | | | |
|---|---|---|---|
| 2 | mangos maduros | 1 | cucharada de ron blanco |
| 2 | cebollitas de cambray, finamente rebanadas | 1 | cucharadita de azúcar |
| ¼ | taza (7 g) de hojas de menta fresca, troceadas | | Pimienta negra recién molida |
| | Jugo recién exprimido de 2 limones verdes | | |

1. Rebane el mango a ambos lados del hueso para crear dos mitades. Retire y corte la carne en dados de 1.5 cm (²⁄₃ in). Pique la carne restante en dados y deseche el hueso.

2. Mezcle el mango, cebollitas y menta en un tazón mediano.

3. Coloque el jugo de limón, ron y azúcar en un tazón pequeño y mezcle hasta que el azúcar se haya disuelto. Vierta sobre la mezcla de mango y mezcle hasta integrar. Sazone con pimienta.

4. Use de inmediato o almacene en un recipiente con cierre hermético en el refrigerador durante 2 ó 3 días.

Si a usted le gustó esta receta, también le gustarán:

**salsa** de jitomate y pimiento asado

42

**salsa** de piña, chile y cilantro

44

**salsa** de jengibre y pepino en salmuera

50

# salsa mexicana de frijoles blancos y granos de elote

Esta sustanciosa salsa mexicana combina bien con carne de puerco, pollo, pescado y verduras.

○ Rinde 4 tazas

⏱ 15 minutos

🌡 12 horas

🍲 1 hora

🍸 1

½ taza (100 g) de frijoles blancos secos (caupí), remojado en agua fría durante toda la noche

1 mazorca de elote (elote dulce)

1 pimiento (capsicum) rojo, sin semillas y picado en dados pequeños

1 cebolla morada pequeña, finamente picada

½ taza (25 g) de hojas de cilantro fresco

1 ó 2 chiles jalapeños, finamente picados

3 cucharadas de aceite de oliva extra virgen + el necesario para barnizar

2 cucharadas de vinagre de vino blanco

Jugo recién exprimido de 1 limón verde

1 diente de ajo, finamente picado

Sal y pimienta negra recién molida

1. Escurra y enjuague los frijoles blancos. Coloque en una olla mediana, cubra con agua fría y lleve a ebullición sobre fuego medio-alto. Cuando suelte el hervor disminuya el fuego a bajo y hierva a fuego lento alrededor de una hora, hasta que estén suaves. Escurra y enjuague bajo el chorro de agua fría.

2. Precaliente un asador para intemperie o interior a temperatura media.

3. Retire y deseche las hojas del elote y barnice la mazorca con aceite. Ase de 10 a 15 minutos, volteando ocasionalmente, hasta que esté suave y ligeramente quemado. Pase un cuchillo de arriba a abajo de la mazorca de elote para retirar los granos.

4. Coloque los frijoles, granos de elote, pimiento, cebolla, cilantro y chiles en un tazón mediano.

5. Mezcle el aceite, vinagre, jugo de limón y ajo en un tazón pequeño. Vierta sobre la mezcla de salsa y revuelva hasta integrar. Sazone con sal y pimienta.

6. Use de inmediato o almacene en un recipiente con cierre hermético en el refrigerador de 2 a 3 días.

Si a usted le gustó esta receta, también le gustarán:

**salsa** de jitomate y pimiento asado

42

**salsa** de piña, chile y cilantro

44

**salsa** de mojito de mango

46

# salsa de jengibre y pepino en salmuera

El jengibre en salmuera es un ingrediente japonés tradicional que se puede conseguir en las tiendas especializadas en alimentos asiáticos. Esta ensalada combina bien con carne de res, pollo, puerco y pescado.

Rinde 3–4 tazas

15 minutos

1 hora

3–5 minutos

1

| | |
|---|---|
| 2 | pepinos, sin piel |
| 2 | cucharadas de vinagre de vino de arroz |
| 2 | cucharaditas de aceite de ajonjolí |
| 2 | cucharaditas de salsa de soya clara |
| 2 | cucharadita de salsa de pescado tai |
| ¼ | taza (40 g) de jengibre en |

| | |
|---|---|
| | salmuera, escurrido |
| 2 | cebollitas de cambray, finamente rebanadas en diagonal |
| ½ | cucharada de semillas de ajonjolí blanco, ligeramente tostadas |
| ½ | cucharada de semillas de ajonjolí negro |

1. Utilizando un pelador de papas, corte tiras largas y delgadas de pepino. Deseche las semillas.

2. Mezcle el vinagre de vino de arroz, aceite y salsas de soya y pescado en un tazón

mediano. Agregue el pepino, jengibre en salmuera, cebollitas y ambos tipos de semillas de ajonjolí. Mezcle hasta integrar.

3. Sirva de inmediato o en el día en que la preparó.

Si a usted le gustó esta receta, también le gustarán:

**salsa** de piña, chile y cilantro

44

**salsa** de mojito de mango

46

**salsa mexicana** de frijoles blancos y granos de elote

48

# salsa de chile dulce

La salsa de chile dulce es popular en la cocina tai y muchas otras cocinas del sur de Asia. Prepare esta receta en casa y sírvala para acompañar carne de res, pollo, puerco, pescado o verduras.

- Rinde 2 tazas
- 10 minutos
- 12 horas
- 15–20 minutos

- 1

| | |
|---|---|
| 1 ½ | taza (300 g) de azúcar |
| 1 | taza de vinagre de vino de arroz |
| ½ | taza (125 ml) de agua |
| 2 | chiles rojos grandes, finamente rebanados |
| 1 | cucharadita de jengibre, finamente rallado |
| 1 | diente de ajo, finamente picado |

1. Mezcle el azúcar, vinagre de vino de arroz y agua en una olla mediana de base gruesa sobre fuego alto y lleve a ebullición. Cuando suelte el hervor disminuya el fuego a bajo, agregue los chiles, jengibre y ajo; hierva a fuego lento de 15 a 20 minutos, hasta que se reduzca a la mitad. Deje reposar durante 12 horas para que se enfríe antes de usar.

2. Almacene en botellas o frascos de vidrio esterilizados hasta por un mes. Refrigere después de abrir.

Si a usted le gustó esta receta, también le gustarán:

**jalea** de chile

24

**chutney** de jitomate sazonado

28

# salsa de jitomate

Prepare esta salsa en casa y use cada vez que usted normalmente usaría cátsup. Es una buena alternativa saludable que no tiene preservativos. Combina bien con carne de res, cordero y pollo, especialmente cuando se usan para preparar hamburguesas o salchichas.

Rinde 3 tazas

15 minutos

12 horas

15–20 minutos

1

| | | | |
|---|---|---|---|
| 2 | latas (400 g/14 oz) de jitomate picado, con su jugo | 1 | diente de ajo, finamente picado |
| 1/2 | cebolla mediana, rallada | 2 | hojas de laurel |
| 2 | cucharadas de azúcar | 2 | moras de junípero |
| 2 | cucharadas de vinagre de sidra | 3 | clavos de olor enteros |

1. Coloque los jitomates en un procesador de alimentos y procese hasta obtener una pasta tersa.

2. Coloque el puré de jitomate y la cebolla, azúcar, vinagre de sidra, ajo, hojas de laurel, moras de junípero y clavos de olor en una olla mediana de base gruesa sobre fuego alto y lleve a ebullición. Cuando suelte el hervor disminuya el fuego a bajo y hierva de 15 a 20 minutos, hasta que espese y adquiera la consistencia de una salsa.

3. Pase la salsa a través de un colador de malla fina, desechando los sólidos. Vierta en botellas o frascos de vidrio esterilizados y refrigere durante toda la noche antes de usar.

4. Almacene en el refrigerador hasta por un mes. Refrigere después de abrir.

Si a usted le gustó esta receta, también le gustarán:

**chutney** de tomate y manzana

**chutney** de jitomate sazonado

**salsa** barbecue ahumada

18

28

56

# salsa barbecue ahumada

Otra salsa clásica que usted puede preparar en casa. Sírvala para acompañar carne de res, cordero, puerco y pollo. El humo líquido se prepara pasando humo a través de agua y se usa para sazonar alimentos. Se puede comprar en tiendas especializadas en alimentos o de ventas en línea. Si usted lo prefiere, omítalo; la salsa también quedará deliciosa.

Rinde 3 tazas

15 minutos

1 hora

20–30 minutos

1

| | |
|---|---|
| ¼ | taza (60 ml) de aceite de oliva extra virgen |
| 1 | cebolla mediana, finamente picada |
| 3 | dientes de ajo, finamente picados |
| 2 | latas (400 g/14 oz) de jitomate picado, con su jugo |
| ⅓ | taza (90 ml) de vinagre de malta |

| | |
|---|---|
| ¼ | taza compacta (50 g) de azúcar mascabado claro |
| ¼ | taza (60 ml) de salsa inglesa |
| 2 | cucharaditas de humo líquido |
| 1 ½ | cucharadita de chile en polvo |
| 1 | cucharadita de mostaza en polvo |
| 1 | cucharadita de comino molido |
| ½ | cucharadita de salsa Tabasco |

1. Caliente el aceite en una olla mediana de base gruesa sobre fuego medio-bajo. Agregue la cebolla y el ajo; saltee alrededor de 5 minutos, hasta dorar.

2. Agregue los jitomates, vinagre de malta, azúcar mascabado, salsa inglesa, humo líquido, chile en polvo, mostaza en polvo, comino y salsa Tabasco. Mezcle hasta integrar por completo y lleve a ebullición. Disminuya el fuego a bajo y hierva a fuego lento de 20 a 30 minutos, hasta que espese y tenga la consistencia de una salsa.

3. Vierta en botellas o frascos de vidrio esterilizados y refrigere durante toda la noche antes de usar.

4. Almacene en el refrigerador hasta por un mes. Refrigere después de abrir.

Si a usted le gustó esta receta, también le gustarán:

**chutney** de tomate y manzana

18

**jalea** de chile

24

**salsa** de jitomate

54

# mayonesa

Ésta es la receta para preparar la mayonesa clásica. Asegúrese de usar aceite de oliva extra virgen de la mejor calidad pues todo depende de la calidad del aceite. Acompañe con carne de res, pollo, pescado y verduras.

Rinde 1 1/2 tazas

10–15 minutos

1

**2** yemas de huevo grandes

**2** cucharaditas de mostaza Dijon

**1** cucharada de jugo de limón amarillo recién exprimido

**1** cucharada de vinagre de vino blanco

**1** taza (250 ml) de aceite de oliva extra virgen

Sal y pimienta blanca recién molida

1. Coloque las yemas de huevo, mostaza, jugo de limón y vinagre en un tazón mediano y bata con ayuda de un batidor globo, hasta integrar. Agregue gradualmente 3 cucharadas del aceite, batiendo continuamente, hasta incorporar.

2. Agregue el aceite restante en hilo fino y continuo, batiendo hasta que esté espesa y cremosa. Sazone con sal y pimienta.

3. Almacene en un recipiente con cierre hermético en el refrigerador durante 2 ó 3 días.

Si a usted le gustó esta receta, también le gustarán:

tzatziki

34

hummus

38

guacamole

40

# Pescados y Mariscos

# hamburguesas de filete de pescado

Utilice filete de un buen pescado blanco y firme como el rape, cazón o mero. Los *cornichons* son pepinos pequeños en salmuera.

Rinde 4 porciones

20 minutos

4–5 minutos

1

## SALSA TÁRTARA

2 cucharadas de alcaparras, finamente picadas

2 cucharadas de cebolla morada, finamente picada

1 cucharada de cornichons (pepinos en salmuera), finamente picados

2 cucharadas de cebollín fresco, finamente picado

1 cucharada de perejil fresco, finamente picado

1 cucharada de jugo de limón amarillo recién exprimido

1 taza (250 g) de mayonesa comprada o preparada en casa (vea página 58)

## FILETES DE PESCADO EMPANIZADOS

1 taza (150 g) de harina de trigo (simple)

Sal y pimienta negra recién molida

1 huevo grande

2 cucharadas de leche

2 tazas (300 g) de pan molido

4 filetes de pescado blanco firme (150 g/5 oz c/u), sin piel

## HAMBURGUESAS

2 cucharadas de aceite de oliva extra virgen

4 bollos o panes para hamburguesa, abiertos transversalmente a la mitad

2 tazas (100 g) de lechuga romana, desmenuzada

1 jitomate grande, rebanado

1. **Para preparar** la salsa tártara, mezcle las alcaparras, cebolla, pepinillos, cebollín, perejil y jugo de limón en un tazón mediano. Agregue la mayonesa y mezcle hasta integrar.

2. **Para preparar** los filetes de pescado empanizados, coloque la harina en un tazón mediano y sazone con sal y pimienta. En otro tazón mediano bata el huevo con la leche. Extienda el pan molido sobre un plato.

3. **Sumerja** un filete de pescado a la vez en la mezcla de harina, después en la mezcla de huevo y, por último, cubra con el pan molido, presionando suavemente para que se le pegue. Reserve sobre un plato.

4. **Precaliente** una plancha plana sobre una parrilla para asar a la intemperie o en el interior a temperatura media.

5. **Rocíe** la plancha con una cucharada de aceite y cocine los filetes de pescado durante 2 ó 3 minutos, hasta dorar por un lado. Rocíe la plancha con la cucharada restante de aceite, voltee los filetes de pescado y ase alrededor de 2 minutos más, hasta que estén dorados, crujientes y totalmente cocidos. Escurra sobre toallas de papel.

6. **Ase** ligeramente los bollos.

7. **Para armar**, cubra las bases de los bollos con lechuga y jitomate. Cubra cada uno con un filete de pescado y una cucharada de salsa tártara. Cubra con las tapas de los bollos y sirva calientes.

# hamburguesas de atún niçoise

Los filetes de atún fresco son deliciosos y también contienen saludables ácidos grasos omega-3. Asegúrese de no sobre cocinarlos; la carne se seca con rapidez si se deja asar durante demasiado tiempo.

Rinde 4 porciones

20 minutos

10 minutos

1

### SALSA

| | |
|---|---|
| 2 | cucharadas de jitomate, partido en dados |
| 1 | cebolla morada pequeña, finamente picada |
| 1 | cucharada de perejil fresco, finamente picado |
| 1 | cucharada de albahaca fresca, finamente picada |
| 2 | cucharaditas de alcaparras, finamente picadas |
| 1 | cucharada de vinagre de vino blanco |
| 1 | cucharadita de mostaza Dijon |
| 2 | cucharadas de aceite de oliva extra virgen |
| | Sal y pimienta negra recién molida |

### HAMBURGUESAS

| | |
|---|---|
| 4 | bollos para hamburguesa con ajonjolí |
| 4 | filetes de atún (150 g/5 oz c/u) |
| 1 ó 2 | cucharadas de aceite de oliva extra virgen, para barnizar |
| | Sal y pimienta negra recién molida |
| 4 | cucharadas de mayonesa comprada o preparada en casa (vea página 58) |
| 1 ½ | taza (75 g) de hojas de espinaca pequeña |
| 2 | huevos cocidos, sin cascarón y rebanados |
| 4 | cucharadas de tapenade de aceituna verde comprado o preparado en casa (vea página 30) |

1. Para preparar la salsa, mezcle los jitomates, cebolla, perejil, albahaca y alcaparras en un tazón mediano. Mezcle el vinagre y la mostaza en un tazón pequeño e incorpore gradualmente el aceite, batiendo. Sazone con sal y pimienta. Incorpore con la mezcla de jitomate.

2. Para preparar las hamburguesas, precaliente un asador para intemperie o interior a temperatura alta. Ase ligeramente los bollos.

3. Barnice los filetes de atún con aceite y sazone con sal y pimienta. Ase el atún durante 1 ó 2 minutos por cada lado, hasta que estén cocidos al término deseado.

4. Para armar, unte mayonesa sobre las bases de los bollos y cubra con espinaca. Coloque los filetes sobre la espinaca y agregue salsa y huevo cocido. Unte las tapas de los bollos con tapenade y cubra las hamburguesas. Sirva calientes.

Si a usted le gustó esta receta, también le gustarán:

**hamburguesas** de filete de pescado

62

**sándwiches** de pollo schnitzel

112

**hamburguesas** tropicales de pollo

114

# brochetas de lemon grass y camarones

Los tallos de lemon grass forman bellas y aromáticas brochetas en esta receta.

Rinde 4 porciones

20 minutos

1 hora

5–10 minutos

2

**BROCHETAS**

| | |
|---|---|
| 1 | chalote pequeño, toscamente picado |
| 2 | cebollitas de cambray, toscamente picadas |
| 1 | chile jalapeño verde grande, sin semillas y toscamente picado |
| 2 | chiles serranos maduros (rojos), sin semillas y toscamente picados |
| 2 | dientes de ajo, toscamente picados |
| 1 | trozo (2 cm/ $^3/_4$ in) de jengibre, sin piel y toscamente picado |
| 2 | cucharaditas de lemon grass (únicamente la parte blanca), finamente picado |

500 g (1 lb) de carne de camarón (langostinos)

| | |
|---|---|
| 2 | cucharadas de jugo de limón verde recién exprimido |
| 1 | cucharada de fécula de maíz (maicena) |
| 1 | cucharada de salsa de pescado tai |
| 1 | clara de huevo grande |
| $^1/_2$ | cucharadita de sal |
| $^1/_4$ | cucharadita de pimienta negra recién molida |
| 12 | tallos de lemon grass |
| 2 | cucharadas de aceite vegetal |

**SALSA DE REMOJO**

| | |
|---|---|
| $^1/_2$ | taza (100 g) de azúcar |
| $^1/_2$ | taza (125 ml) de jugo de limón verde recién exprimido |
| $^1/_2$ | taza (125 ml) de salsa de pescado tai |
| $^1/_2$ | chalote, finamente picado |
| 1 | diente de ajo, finamente picado |
| 1 | chile serrano maduro (rojo), sin semillas y finamente rebanado |

1. Para preparar las brochetas, coloque el chalote, cebollitas, chile verde y chiles rojos, ajo, jengibre y lemon grass en un procesador de alimentos y pulse hasta obtener una pasta gruesa.

2. Agregue la carne de camarón y mezcle hasta integrar. Pase la mezcla a un tazón mediano, agregue el jugo de limón, fécula, salsa de pescado, clara de huevo, sal y pimienta; mezcle hasta integrar. Tape y refrigere durante 30 minutos.

3. Para preparar la salsa de remojo, mezcle el azúcar, jugo de limón y salsa de pescado en una olla pequeña y caliente suavemente durante 2 ó 3 minutos, mezclando de vez en cuando, hasta que el azúcar se haya disuelto. Retire del fuego, agregue el chalote, ajo y chile y reserve para enfriar.

4. Corte las bases blancas de los 12 tallos de lemon grass y almacene en un recipiente con cierre hermético para uso posterior. Use las partes largas de color verde de los tallos para hacer doce brochetas cortas.

5. Divida la mezcla de camarón entre 12 porciones del mismo tamaño. Humedezca sus manos y amolde la mezcla alrededor de los tallos. Coloque sobre un plato, tape y refrigere durante 30 minutos.

6. Precaliente una plancha plana sobre una parrilla para asar a la intemperie o en el interior a temperatura media.

7. Rocíe el asador con el aceite y ase las brochetas durante 1 ó 2 minutos de cada lado, hasta que estén totalmente cocidas.

8. Sirva calientes acompañando con la salsa de remojo.

# tortitas de cangrejo tai
## con salsa de chile

¡Sirva esta picante salsa de remojo con cautela!

Rinde 4 porciones

20 minutos

10 minutos

1

### SALSA DE REMOJO DE CHILE

| | |
|---|---|
| 10 | chiles verdes grandes como los jalapeños |
| 4 | dientes de ajo |
| 4 | chalotes |
| 1/2 | cucharadita de pasta de camarón |
| 1/2 | cucharadita de sal |
| 3 | cucharadas de jugo de limón amarillo recién exprimido |
| 1 | cucharada de salsa de pescado tai |
| 1 | cucharada de piloncillo (o azúcar de palma sin procesar), toscamente rallado o azúcar morena |

### TORTITAS DE CANGREJO

| | |
|---|---|
| 500 g (1 lb) | de carne de cangrejo fresca |
| 1 1/2 | cucharada de pasta de curry rojo |
| 1 | cucharada de salsa de pescado tai |
| 1 | limón amarillo, su ralladura fina y jugo |
| 1 | clara de huevo grande |
| 2 | chalotes pequeños, finamente picados |
| 2 | hojas de limón kaffir, finamente picadas |
| 2 | cucharadas de cilantro fresco, finamente picado |
| 1 | cucharada de aceite vegetal |

1. Para preparar la salsa de remojo, saltee los chiles, ajo y chalotes en una sartén pequeña sobre fuego alto durante 2 ó 3 minutos, hasta que estén ligeramente quemados.

2. Pique toscamente y pase a un mortero, molcajete con mano o procesador de alimentos. Agregue la pasta de camarón y la sal; pique finamente. Pase a un tazón pequeño, agregue el jugo de limón, salsa de pescado y piloncillo y mezcle para integrar.

3. Precaliente una plancha plana sobre la parrilla de un asador para intemperie o interior a fuego medio-alto.

4. Para preparar las tortitas de cangrejo, mezcle la carne de cangrejo con la pasta de curry, salsa de pescado, ralladura y jugo de limón y clara de huevo en un procesador de alimentos y mezcle hasta obtener una pasta tersa. Pase a un tazón mediano e integre los chalotes, hojas de limón y cilantro. Haga 12 tortitas planas del mismo tamaño.

5. Barnice las tortitas ligeramente con aceite y ase de 3 a 4 minutos por cada lado, hasta que estén totalmente cocidas.

6. Sirva calientes, acompañando con la salsa de remojo.

Si a usted le gustó esta receta, también le gustarán:

**brochetas** de lemon grass y camarones

66

**brochetas** de camarón con mayonesa de wasabe

70

**brochetas** de callo de hacha asadas con vinagreta de naranja y chile

84

# brochetas de camarón con mayonesa de wasabe

Use langostinos verdes (crudos) o camarones grandes para preparar este delicioso platillo. Si utiliza brochetas de bambú, asegúrese de remojarlas en agua fría por lo menos durante 30 minutos antes de asar. La pasta japonesa de wasabe se puede comprar en las tiendas especializadas en alimentos asiáticos.

Rinde 4 porciones

15 minutos

4-6 minutos

1

### MAYONESA DE WASABE

1    cucharada de jugo de limón verde recién exprimido

2    cucharaditas de pasta de wasabe

1    taza (250 ml) de mayonesa comprada o preparada en casa (vea página 58)

### BROCHETAS

12    camarones grandes (langostinos), sin cabeza, con piel y colas

2 ó 3 cucharadas de aceite de oliva extra virgen

     Sal y pimienta negra recién molida

1. Para preparar la mayonesa de wasabe, mezcle el jugo de limón y la pasta de wasabe en un tazón mediano. Agregue 3 cucharadas de mayonesa y mezcle hasta integrar. Integre la mayonesa restante.

2. Precaliente una plancha sobre una parrilla para asar a la intemperie o en el interior a temperatura media-alta.

3. Para preparar las brochetas, ensarte los camarones en 12 pinchos para brochetas

de bambú previamente remojadas. Rocíe con el aceite y sazone con sal y pimienta.

4. Ase durante 2 ó 3 minutos de cada lado, hasta que los camarones estén totalmente cocidos y tengan las marcas oscuras de la parrilla.

5. Sirva calientes acompañando con la mayonesa de wasabe.

Si a usted le gustó esta receta, también le gustarán:

**brochetas** de lemon grass y camarones

66

**camarones** al curry asados

72

**cigalas asadas** con salsa de limón y pernod

78

# camarones al curry asados

Usted necesitará langostinos verdes (crudos) o camarones grandes para preparar este sabroso platillo, el cual tendrán que comer sus comensales con sus manos. Sirva los camarones acompañados de cios con agua y bastantes servilletas de papel, para que puedan enjuagar y secar sus manos.

Rinde 4 porciones

30 minutos

1 hora

5–10 minutos

1

**PASTA DE ESPECIAS**

½ raja de canela

¼ cucharadita de semillas de hinojo

¼ cucharadita de semillas de cardamomo

½ cucharadita de cúrcuma molida

¼ cucharadita de chile en polvo

¼ cucharadita de sal

1 chalote, toscamente picado

2 dientes de ajo, toscamente picados

1 cucharadita de jengibre, finamente rallado

2 cucharaditas de tamarindo, remojado en 3 cucharadas de agua durante 10 minutos

**CAMARONES**

12 camarones grandes (langostinos), sin piel y limpios, con cabezas y colas
Chutney de mango comprado o preparado en casa (vea página 22), para acompañar

1. Para preparar la pasta de especias, saltee la canela, semillas de hinojo y cardamomo sobre fuego medio-bajo alrededor de un minuto, hasta que aromatice.

2. Pase a un mortero, molcajete con mano o molino de especias, agregue la cúrcuma, chile en polvo y sal y mezcle hasta obtener polvo.

3. Coloque el polvo de especias, chalote, ajo y jengibre en un procesador de alimentos pequeño y mezcle hasta obtener una pasta gruesa. Cuele el tamarindo a través de un colador de malla fina y deseche los sólidos. Agregue el líquido de tamarindo a la pasta de especias y revuelva hasta obtener una mezcla tersa.

4. Para preparar los camarones, cúbralos con la pasta de especias, tape y refrigere durante una hora.

5. Precaliente una parrilla para asar a la intemperie o en el interior a temperatura media-alta.

6. Ase los camarones durante 2 ó 3 minutos de cada lado, hasta que estén totalmente cocidos y se les hayan marcado las líneas del asador.

7. Sirva calientes, acompañando con el chutney de mango dulce.

Si a usted le gustó esta receta, también le gustarán:

**brochetas de camarón** con mayonesa de wasabe

70

**cigalas asadas** con salsa de limón y pernod

78

**brochetas de callo de hacha** asadas con vinagreta de naranja y chile

84

# calamares con chile y frijoles negros

El secreto para servir calamares suaves está en la cocción: puede hacerse con rapidez sobre fuego alto (como en esta receta) o asarse muy lentamente sobre fuego bajo por lo menos durante 45 minutos. Los frijoles negros salados chinos se pueden conseguir en las tiendas especializadas en alimentos asiáticos.

Rinde 4 porciones

20 minutos

1 hora

3–4 minutos

2

| | |
|---|---|
| | 750 g (1 ½ lb) de anillos de calamar |
| 1 | cebolla pequeña, finamente picada |
| 3 | cucharadas de frijoles negros salados chinos, enjuagados |
| 2 | cucharadas de vino de arroz |
| 2 | cucharadas de salsa de ostión |
| 1 | cucharada de salsa de soya |
| 2 | chiles rojos grandes (jalapeños maduros), sin semillas y finamente picados |
| 2 | cucharadas de jengibre, finamente rallado |
| 1 | diente de ajo, finamente picado |
| 6 | cebollitas de cambray con sus rabos, cortadas en trozos de 5 cm (2 in) y partidas longitudinalmente en rebanadas delgadas |
| 20 | jitomates cereza, partidos a la mitad |
| 1 | taza (50 g) de hojas de cilantro fresco |

1. Corte los anillos de calamar en el centro y ábralos para dejarlos planos. Enjuague y seque suavemente con toallas de papel. Marque los calamares por un lado haciendo un diseño a cuadros. Corte en trozos de 5 cm (2 in).

2. Coloque la cebolla, frijoles negros, vino de arroz, salsas de ostión y soya, chiles, jengibre y ajo en un tazón mediano y mezcle para integrar. Agregue los calamares y mezcle para cubrir. Tape y refrigere durante una hora.

3. Precaliente una plancha plana sobre una parrilla para asar a la intemperie o en el interior a temperatura alta.

4. Ase los calamares durante 3 ó 4 minutos, volteándolos frecuentemente, hasta que dejen de estar transparentes y estén totalmente cocidos, pero aún suaves.

5. Mezcle los calamares, cebollitas de cambray, jitomates cereza y cilantro en un tazón mediano y mezcle para integrar. Sirva calientes.

Si a usted le gustó esta receta, también le gustarán:

**ensalada de pulpos** pequeños marinados

76

**cigalas asadas** con salsa de limón y pernod

78

# ensalada de pulpos pequeños marinados

Si usted no encuentra pulpos pequeños, use el mismo peso de pulpos grandes limpios y corte en trozos. Si utiliza pulpos grandes, marínelos durante toda la noche para que queden más suaves.

Rinde 6-8 porciones

30 minutos

4–12 horas

10–15 minutos

2

**PULPOS**

1/2 taza (125 ml) de vermouth dulce

1/4 taza (60 ml) de aceite de oliva extra virgen

1/2 taza (25 g) de perejil fresco, toscamente picado

1 chile rojo grande (jalapeño maduro), sin semillas y finamente picado

1.5 kg (3 lb) de pulpos pequeños, limpios

**ENSALADA**

2 calabacitas (courgettes), partidas longitudinalmente en rebanadas delgadas

6 cucharadas (90 ml) de aceite de oliva extra virgen

12 jitomates cereza

1 taza (150 g) de chícharos frescos o congelados

1 taza (50 g) de hojas de menta fresca, toscamente picadas

125 g (4 oz) de queso feta, desmoronado

2 cucharadas de jugo de limón amarillo recién exprimido

1. Para preparar los pulpos, mezcle el vermouth, aceite, perejil y chile en un tazón mediano. Agregue el pulpo y mezcle hasta integrar. Tape y refrigere por 4 horas o durante toda la noche.

2. Precaliente una parrilla para asar a la intemperie o en el interior a temperatura media-alta.

3. Para preparar la ensalada, rocíe las calabacitas con una cucharada de aceite y ase durante 1 ó 2 minutos por cada lado, hasta que estén suaves y tengan las marcas de la parrilla. Rocíe los jitomates con una cucharada de aceite y ase durante 2 ó 3 minutos, hasta que empiecen a encogerse.

4. Ponga a hervir agua en una olla pequeña y blanquee los chícharos durante 1 ó 2 minutos. Escurra y refresque bajo el chorro de agua fría.

5. Escurra los pulpos y deseche la marinada. Ase de 5 a 8 minutos, hasta que estén suaves y dorados.

6. Mezcle los pulpos, calabacitas, jitomates, chícharos, menta y queso feta en un tazón grande.

7. Bata las 4 cucharadas (60 ml) restantes de aceite con el jugo de limón en un tazón pequeño. Vierta sobre la ensalada y mezcle hasta integrar por completo.

Si a usted le gustó esta receta, también le gustarán:

**brochetas** de lemon grass y camarones

66

**calamares** con chile y frijoles negros

74

**cigalas asadas** con salsa de limón y pernod

78

# cigalas asadas con salsa de limón y pernod

Las cigalas, también conocidas como langostas de río o langostinos, tienen una deliciosa carne dulce, especialmente en la cola. Una de las mejores maneras de cocinarlas, además de una de las más sencillas, es asándolas.

Rinde 4 porciones

25 minutos

10 minutos

8 minutos

2

**CIGALAS**

| | |
|---|---|
| 4 | colas (150 g/5 oz) de cigalas verdes (crudas) frescas o congeladas |
| 2 | cucharadas de aceite de oliva extra virgen |
| | Sal y pimienta negra recién molida |
| 2 | cucharadas de cebollín fresco, finamente picado |
| 2 | tazas (100 g) de berro |

**SALSA DE LIMÓN Y PERNOD**

| | |
|---|---|
| 3 | cucharadas de jugo de limón amarillo recién exprimido |
| 2 | cucharadas de Pernod |
| $\frac{1}{3}$ | taza (90 g) de mantequilla, picada en dados |

1. Para preparar las cigalas, use un cuchillo filoso o unas tijeras de cocina para cortar longitudinalmente sobre el centro de las colas, de arriba abajo. La carne quedará expuesta pero quedará aún en su caparazón. Desvene.

2. Precaliente una parrilla para asar a la intemperie o en el interior a temperatura alta.

3. Barnice las colas de cigala con aceite y sazone con sal y pimienta. Ase alrededor de 8 minutos, hasta que las pieles estén de color anaranjado y la carne ya no esté translúcida.

4. Pase a un plato, tape y deje reposar en un lugar cálido durante 5 minutos.

5. Para preparar la salsa de limón y Pernod, mezcle el jugo de limón con el Pernod en una olla pequeña y caliente. Integre gradualmente la mantequilla, batiendo hasta que se derrita. Deje enfriar durante 5 minutos.

6. Rocíe la salsa sobre las cigalas y espolvoree con el cebollín. Sirva calientes, acompañando con el berro.

Si a usted le gustó esta receta, también le gustarán:

**brochetas de camarón** con mayonesa de wasabe

70

**camarones** al curry asados

72

**brochetas de callo de hacha** asadas con vinagreta de naranja y chile

84

# ostiones asados con pancetta

Aunque a algunas personas les encanta comer ostiones crudos, muchas otras prefieren cocinarlos rápida y ligeramente. En esta receta el sabor inconfundible de los ostiones se mezcla maravillosamente con el sabor salado de la pancetta.

Rinde 4 porciones

10 minutos

4-5 minutos

1

| | |
|---|---|
| 1 ó 2 | tazas (200-400 g) de sal de mar gruesa |
| 24 | ostiones abiertos, en su concha |
| 180 g (6 oz) de pancetta o tocino, picada en dados pequeños | |
| 1 | chalote morado, picado en dados pequeños |
| 1 | chile rojo grande (jalapeño maduro), sin semillas y finamente picado |
| 3 | cucharadas de salsa inglesa |
| 2 | cucharadas de salsa cátsup |
| 1 | cucharada de jugo de limón amarillo recién exprimido |
| | Pimienta negra recién molida |
| 1 | cebollita de cambray con tallo, finamente rebanada en diagonal |

1. Precaliente el asador de su horno a temperatura alta.

2. Extienda la sal sobre una charola para hornear y acomode los ostiones en su concha, sobre ella.

3. Mezcle la pancetta con el chalote y el chile en un tazón pequeño y espolvoree sobre los ostiones.

4. Mezcle la salsa inglesa con la salsa cátsup y el jugo de limón en un tazón pequeño.

Usando una cuchara coloque la mezcla sobre los ostiones y espolvoree con pimienta negra recién molida.

5. Ase los ostiones de 4 a 5 minutos, hasta que la pancetta esté crujiente.

6. Sirva calientes, espolvoreando con la cebollita de cambray, rebanada.

Si a usted le gustó esta receta, también le gustarán:

**cigalas asadas** con salsa de limón y pernod

78

**callos de hacha** con mantequilla de azafrán

82

**brochetas de callo de hacha** asadas con vinagreta de naranja y chile

84

# callos de hacha con mantequilla de azafrán

Compre callos de hacha frescos o de bahía en sus conchas para preparar este platillo. La mantequilla de azafrán realza el dulce sabor de los callos de hacha frescos, hasta lograr la perfección de su carne.

Rinde 4 porciones

20 minutos

5 minutos

2

| | |
|---|---|
| 2 | jitomates medianos |
| 1 | cucharadita de jugo de limón amarillo recién exprimido |
| 1 | cucharada de aceite de oliva extra virgen |
| | Sal y pimienta negra recién molida |

| | |
|---|---|
| 16 | callos de hacha en su concha |
| ½ | taza (125 g) de mantequilla, suavizada |
| | Una pizca de hilos de azafrán, amortajados |
| 1 | cucharada de perejil de hoja plana, finamente picado |

1. Ponga a hervir agua en una olla mediana Marque una cruz en la base de los jitomates y blanquee en el agua durante 10 segundos. Retire con ayuda de una cuchara ranurada y refresque debajo del chorro de agua fría. Retire la piel y corte en cuartos. Retire y deseche las semillas. Parta la pulpa en dados finos y coloque en un tazón pequeño. Rocíe con el jugo de limón y el aceite; sazone con sal y pimienta.

2. Precaliente un asador para intemperie o para interior a temperatura alta.

3. Para preparar los callos de hacha, retire y deseche la cadena blanca del lado de cada callo de hacha y asegúrese de que no quede nada de arena ni tierra en la concha. Enjuague bajo del chorro de agua fría si fuera necesario. Usando un cuchillo pequeño y filoso, corte por debajo del callo de hacha para desprenderlo de la concha.

4. Mezcle la mantequilla con el azafrán en un tazón pequeño. Agregue trozos pequeños de la mantequilla al azafrán sobre los callos de hacha y bañe con la mezcla de jitomate y perejil.

5. Coloque los callos en sus conchas sobre el asador, cubra con la tapa y ase durante 4 ó 5 minutos, hasta que los callos de hacha estén firmes y apenas cocidos. Sirva calientes.

Si a usted le gustó esta receta, también le gustarán:

**tortitas de cangrejo tai** con salsa de chile

68

**brochetas de callo de hacha** asadas con vinagreta de naranja y chile

84

# brochetas de callo de hacha
## asadas con vinagreta de naranja y chile

Para asar, compre siempre callos de hacha de mar grandes y revise que no hayan sido procesados. Deben ser de color rosado o marfil y bastante secos y pegajosos. Únicamente utilice los moluscos blancos grandes para preparar este platillo, sin el tendón duro de color coral.

Rinde 4-6 porciones

15 minutos

15–20 minutos

1

### VINAGRETA DE NARANJA Y CHILE

| | |
|---|---|
| 2 | chalotes, finamente picados |
| 1 | taza (250 ml) de jugo de naranja recién exprimido |
| ½ | cucharadita de chile en polvo |
| 2 | cucharaditas de miel de abeja |
| 1 | cucharada de vinagre de vino tinto |
| ½ | taza (125 ml) de aceite de oliva extra virgen |
| 3 | cucharadas de cilantro, finamente picado |
| | Sal y pimienta negra recién molida |

### BROCHETAS

| | |
|---|---|
| 1 kg (2 lb) de callos de hacha grandes, limpios |
| 3 | cucharadas de mantequilla, derretida y fría |
| | Sal y pimienta negra recién molida |
| 2 | cucharadas de aceite vegetal |
| | Rebanadas de limón verde, para acompañar |
| | Cuscús o arroz recién cocido, para acompañar |

1. Para preparar la vinagreta de naranja y chile, mezcle los chalotes, jugo de naranja y chile en polvo en una olla pequeña sobre fuego alto y lleve a ebullición. Disminuya el fuego y hierva a fuego lento alrededor de 10 minutos, hasta que espese y tenga la consistencia de una miel. Pase a un tazón refractario y deje reposar hasta que esté a temperatura ambiente.

2. Integre la miel de abeja y el vinagre; posteriormente el aceite. Agregue el cilantro y sazone con sal y pimienta.

3. Precaliente un asador de intemperie o para el interior a temperatura alta.

4. Para preparar las brochetas, cubra los callos de hacha con la mantequilla y sazone con sal y pimienta.

5. Ensarte los callos en brochetas de metal o bambú con las partes planas hacia abajo y hacia arriba, para que queden directamente sobre la plancha del asador.

6. Rocíe el asador con el aceite. Ase los callos de hacha de 3 a 5 minutos, hasta que se hayan caramelizado sobre ambos lados. Voltee únicamente una vez durante la cocción; los callos de hacha deberán quedar opacos.

7. Coloque las brochetas de callo de hacha calientes sobre platos de servicio, acompañando con el cuscús o arroz y adornando con rebanadas de limón verde. Rocíe con la vinagreta y sirva calientes.

Si a usted le gustó esta receta, también le gustarán:

**cigalas asadas** con salsa de limón y pernod

78

**ostiones asados** con pancetta

80

**callos de hacha** con mantequilla de azafrán

82

# brochetas de pez espada con limón y orégano

El pez espada es uno de los "pescados grasos" más saludables ya que es rico en omega-3 y contiene minerales esenciales. Con bastante carne tipo filete, es un sustancioso pescado para servir.

- Rinde 4 porciones
- 15 minutos
- 1 hora
- 4–5 minutos
- 1

**600 g (1 ¼ lb)** de filetes de pez espada, cortados en cubos de 2.5 cm (1 in)

**¼** taza (60 ml) de aceite de oliva extra virgen

**2** cucharadas de jugo de limón amarillo recién exprimido

**2** cucharadas de hojas de orégano fresco

**1** diente de ajo, finamente picado

Sal y pimienta negra recién molida

1. Ensarte el pez espada en 8 ó 12 pinchos de metal o bambú para brocheta.

2. Mezcle el aceite, jugo de limón, orégano y ajo en un tazón pequeño. Sazone con sal y pimienta. Barnice las brochetas con la marinada, tape y refrigere durante una hora.

3. Precaliente un asador de intemperie o para el interior a temperatura alta.

4. Ase las brochetas, volteando frecuentemente, de 4 a 5 minutos, hasta que estén totalmente cocidas y se les hayan marcado las rayas de la rejilla. Sirva calientes.

Si a usted le gustó esta receta, también le gustarán:

**brochetas** de lemon grass y camarones

66

**brochetas de callo de hacha** asadas con vinagreta de naranja y chile

84

**brochetas** de rape y prosciutto

88

# brochetas de rape y prosciutto

El rape es un pescado denso y carnoso de carne firme y sabrosa. Si no lo encuentra puede sustituirlo por otro pescado blanco de carne firme como el cazón, mero o bacalao.

- Rinde 4 porciones
- 15 minutos
- 1 hora
- 4–5 minutos
- 1

$\frac{1}{4}$ taza (60 ml) de aceite de oliva extra virgen

3 cucharadas de jugo de naranja recién exprimido

$\frac{1}{2}$ cucharadita de canela molida

$\frac{1}{4}$ cucharadita de semillas de cilantro, molidas

$\frac{1}{4}$ cucharadita de pimienta de cayena

Sal y pimienta negra recién molida

600 g (1 1/4 lb) de rape, cortado en cubos de 2.5 cm (1 in)

15 rebanadas de pancetta o tocino, cortado longitudinalmente a la mitad

1. Mezcle el aceite, jugo de naranja, canela, semillas de cilantro y pimienta de cayena en un tazón mediano. Sazone con sal y pimienta. Agregue el rape y mezcle hasta cubrir. Tape y refrigere durante una hora.

2. Precaliente una plancha plana sobre un asador de intemperie o para el interior a temperatura media-alta.

3. Envuelva una rebanada de pancetta alrededor de cada trozo de pescado y ensarte en pinchos para brocheta.

4. Ase las brochetas de 4 a 5 minutos, volteando frecuentemente, hasta que estén cocidas y ligeramente doradas. Sirva calientes.

Si a usted le gustó esta receta, también le gustarán:

**brochetas de pez espada** con limón y orégano

86

**sardinas asadas** envueltas en hoja de parra

90

**salmón al miso** con ensalada de germinado de frijol

96

# sardinas asadas envueltas en hoja de parra

Las sardinas crecen hasta 15 cm (6 in) de largo (cuando son más grandes de ese tamaño, se les conoce como arenques) y se pueden comer enteras. Son una muy buena fuente de aceites saludables omega-3 y omega-6.

Rinde 4 porciones

30 minutos

6–8 minutos

2

**ENSALADA DE JITOMATE Y LIMÓN EN CONSERVA**

4   jitomates en rama medianos, partidos a la mitad y rebanados

1   limón amarillo en conserva, partido en cuartos, sin pulpa y su piel finamente rebanada

1   cebolla morada pequeña, partida a la mitad y rebanada

2   cucharadas de cilantro fresco, finamente picado

2   cucharadas de perejil fresco, finamente picado

2   cucharadas de vinagre de vino tinto

1   cucharadita de mostaza Dijon

1   diente de ajo, finamente picado

3   cucharadas de aceite de oliva extra virgen

    Sal y pimienta negra recién molida

**SARDINAS**

8   hojas de parra, enjuagadas en agua fría

8   sardinas enteras, limpias

    Sal y pimienta negra recién molida

2   cucharadas de aceite de oliva extra virgen

1. Para preparar la ensalada de jitomate y limón en conserva coloque los jitomates, limón amarillo en conserva, cebolla, cilantro y perejil en un tazón mediano. Mezcle el vinagre con la mostaza y el ajo en un tazón pequeño. Integre gradualmente el aceite y sazone con sal y pimienta. Vierta sobre la mezcla de jitomate y mezcle para cubrir.

2. Para preparar las sardinas corte las hojas de parra longitudinalmente a la mitad y deseche los tallos. Sazone las sardinas con sal y pimienta. Envuelva las hojas de parra alrededor de las sardinas y rocíe con el aceite.

3. Precaliente un asador para intemperie o para el interior a fuego alto.

4. Ase las sardinas de 3 a 4 minutos de cada lado, hasta que estén totalmente cocidas.

5. Sirva calientes, acompañando con la ensalada de jitomate y limón en conserva.

Si a usted le gustó esta receta, también le gustarán:

**sardinas rellenas** con hojuelas de hinojo

92

**colapez** cubierto con dukkah

94

# sardinas rellenas con hojuelas de hinojo

Use filetes de sardina grandes o arenques para preparar este platillo. Cuando compre sardinas frescas, busque las que tengan dorsos de color verde y púrpura y evite las que tengan el vientre abierto.

Rinde 4 porciones

30 minutos

4–6 minutos

2

### HOJUELAS DE HINOJO

1   bulbo de hinojo grande, sin los tallos del exterior ni puntas, reservando sus frondas

2   cucharadas de aceite de oliva extra virgen

1   cucharada de jugo de limón amarillo, recién exprimido

### RELLENO

2   tazas (120 g) de migas de pan del día anterior

1/4   taza (30 g) de queso parmesano recién rallado

1   huevo grande, ligeramente batido

1   cucharada de jugo de limón amarillo recién exprimido

1   diente de ajo, finamente picado

3   cucharadas de albahaca fresca, finamente picada

2   cucharadas de aceitunas Kalamata, finamente picadas

2   cucharadas de piñones, tostados y finamente picados

1   cucharada de romero fresco, finamente picado

  Sal y pimienta negra recién molida

### SARDINAS

16   filetes de sardina o arenque

1/2   cucharadita de hojuelas de chile rojo

  Sal y pimienta negra recién molida

1   cucharada de harina de trigo (simple)

2   cucharadas de aceite de oliva extra virgen

1. Para preparar las hojuelas de hinojo, rebánelo longitudinalmente en láminas delgadas con ayuda de una mandolina (rebanador de verduras). Mezcle las hojuelas de hinojo con las frondas de hinojo, aceite y jugo de limón en un tazón mediano y reserve.

2. Para preparar el relleno, coloque las migas de pan, queso parmesano, huevo, jugo de limón y ajo en un procesador de alimentos y pique hasta integrar. Pase a un tazón mediano, agregue la albahaca, aceitunas, piñones y romero y mezcle hasta integrar. Sazone con sal y pimienta.

3. Precaliente una plancha plana en un asador para intemperie o para interior a fuego medio-alto.

4. Para preparar las sardinas, coloque la mitad de los filetes con la piel hacia abajo, sobre un plato grande. Agregue cucharadas del relleno sobre los filetes y extienda hasta cubrir.

5. Cubra con los filetes de sardina restantes, colocando la carne hacia abajo, para crear unos "sándwiches". Presione ligeramente para que se detengan. Sazone con hojuelas de chile rojo, sal y pimienta y espolvoree con harina.

6. Rocíe la plancha del asador con el aceite y ase las sardinas de 2 a 3 minutos por cada lado, hasta que estén totalmente cocidas.

7. Sirva calientes, acompañando con las hojuelas de hinojo.

# colapez cubierto con dukkah

El dukkah es una mezcla de especias usada en las cocinas del Medio Oriente. Su nombre se deriva del verbo árabe que significa "golpear". Hay varias recetas para prepararlo, pero por lo general incluye semillas de ajonjolí y cilantro así como comino, sal, pimienta y, a menudo, algún tipo de frutos secos.

Rinde 4 porciones

30 minutos

10–15 minutos

2

**DUKKAH**

2 cucharadas de semillas de cilantro

2 cucharadas de semillas de comino

$\frac{1}{2}$ taza (75 g) de pistaches, ligeramente tostados y toscamente picados

$\frac{1}{3}$ taza (50 g) de semillas de ajonjolí, ligeramente tostadas

2 cucharaditas de sal

1 cucharadita de pimienta negra recién molida

**EJOTES**

250 g (8 oz) de ejotes verdes, sin las puntas

2 cucharadas de mantequilla

1 diente de ajo, finamente picado

1 taza (100 g) de aceitunas verdes sin hueso, toscamente picadas

$\frac{1}{4}$ taza (15 g) de perejil fresco, toscamente picado

Sal y pimienta negra recién molida

**PESCADO**

600 g (1 $\frac{1}{4}$ lb) de colapez (u otras colas de filete de pescado blanco pequeño)

2 cucharadas de aceite de oliva extra virgen

Rebanadas de limón amarillo, para acompañar

1. Para preparar el dukkah, saltee las semillas de cilantro y comino alrededor de un minuto sobre fuego medio-bajo, hasta que aromaticen.

2. Pase las especias a un mortero, molcajete con mano o molino de especias. Agregue los pistaches y la mitad de las semillas de ajonjolí. Mezcle hasta obtener un molido tosco. Pase a un tazón pequeño, agregue las semillas de ajonjolí restantes, sal y pimienta y mezcle hasta integrar.

3. Precaliente una plancha plana en un asador para intemperie o para el interior a fuego medio-alto.

4. Para preparar los ejotes verdes, ponga a hervir agua en una olla mediana. Blanquee los ejotes alrededor de 2 minutos, hasta que estén suaves. Escurra.

5. Derrita la mantequilla en una sartén grande sobre fuego medio. Agregue el ajo, las aceitunas, perejil y ejotes; mezcle hasta cubrir. Sazone con sal y pimienta.

6. Para preparar los pescados, presiónelos sobre el tazón con el dukkah, cubriéndolos perfectamente y agitando para retirar el exceso.

7. Rocíe la plancha con el aceite. Ase los pescados de 2 a 3 minutos de cada lado, hasta que estén totalmente cocidos y dorados.

8. Sirva los pescados calientes, acompañando con la mezcla de ejotes y rebanadas de limón amarillo.

# salmón al miso con ensalada de germinado de frijol

La pasta miso blanca es un sazonador japonés hecha de frijol de soya, arroz o cebada fermentada. Nori es el nombre japonés para las algas marinas comestibles. Las algas nori y la pasta miso se pueden conseguir fácilmente en las tiendas especializadas en alimentos asiáticos.

Rinde 4 porciones

30 minutos

5 minutos

2

**ENSALADA DE GERMINADO DE FRIJOL**

| | |
|---|---|
| 125 g (4 oz) | de chícharos nieve (mangetout) |
| 1 | taza (50 g) de germinado de frijol de soya |
| 1 | taza de germinado de chícharo nieve |
| 4 | cebollitas de cambray, finamente rebanadas |

**SALMÓN**

| | |
|---|---|
| ²/₃ | taza (120 g) de pasta miso blanca |
| ¹/₃ | taza (90 ml) de miel de abeja |
| 4 | filetes de salmón (125 g/4 oz c/u), sin piel |
| ¹/₃ | taza (90 ml) de vinagre de arroz |
| 3 | cucharadas de aceite vegetal |
| 1 | hoja de alga nori, finamente rebanada (opcional) |

1. Para preparar la ensalada de germinado de frijol de soya, ponga a hervir agua en una olla mediana. Blanquee los chícharos nieve alrededor de 30 segundos, hasta que estén de color verde brillante. Escurra y refresque en agua con hielo. Escurra y corte longitudinalmente en rebanadas delgadas.

2. Coloque en un tazón grande con el germinado de frijol de soya, germinado de chícharo nieve y cebollitas de cambray. Mezcle suavemente hasta integrar.

3. Para preparar el salmón, mezcle la pasta miso con la miel de abeja en una olla pequeña sobre fuego bajo y mezcle hasta que la miel se haya derretido. Divida la salsa entre dos tazones pequeños.

4. Barnice el salmón con la mitad de la salsa miso (el contenido de un tazón).

5. Agregue el vinagre de arroz y 2 cucharadas del aceite al tazón de salsa restante y mezcle hasta integrar. Reserve.

6. Precaliente un asador para intemperie o para interior a fuego alto.

7. Barnice ligeramente el asador con la cucharada restante de aceite. Ase el salmón alrededor de 2 minutos de cada lado, hasta que esté ligeramente cocido. Usando un tenedor, desmenuce suavemente para hacer trozos pequeños.

8. Agregue el alga, si la usa, a la ensalada de germinado de frijol y divida entre cuatro tazones poco profundos. Cubra la ensalada con los trozos de salmón y rocíe con el aderezo restante. Sirva tibio.

Si a usted le gustó esta receta, también le gustarán:

**colapez** cubierto con dukkah

94

**trucha marina** con peperonata

98

**filetes de merluza** con ensalada de papa caliente

104

# trucha marina con peperonata

Como su nombre lo sugiere, la trucha marina es una forma marítima de trucha arcoíris. También se conoce por el nombre de trucha cabeza de acero (*steelhead*). Sustituya por salmón fresco si no puede encontrarla.

Rinde 4 porciones

30 minutos

1 hora

15–20 minutos

2

**TRUCHA MARINA**

4 trozos (200 g/7 oz) de trucha marina

3 cucharadas de aceite de oliva extra virgen

2 cucharadas de orégano fresco, finamente picado
Sal y pimienta negra recién molida

**PEPERONATA**

3 pimientos (capsicums) rojos

3 pimientos (capsicums) amarillos

2 jitomates medianos, partidos transversalmente a la mitad

¼ taza (60 ml) de aceite de oliva extra virgen

3 cucharadas de vinagre de vino tinto

1 diente de ajo, finamente picado

½ cucharadita de azúcar
Sal y pimienta negra recién molida

1. Para preparar la trucha marina, ponga los trozos de trucha en un tazón mediano con el aceite y el orégano. Sazone con sal y pimienta. Tape y refrigere durante una hora.

2. Precaliente un asador para intemperie o para interior a fuego alto.

3. Ase los pimientos hasta que sus pieles estén negras y ampolladas. Coloque en un tazón mediano, cubra con plástico adherente y deje reposar durante 10 minutos. Retire la piel y las semillas de los pimientos y rebane longitudinalmente.

4. Rocíe los jitomates con una cucharada del aceite y ase durante 1 ó 2 minutos de cada lado, hasta que se doren y suavicen ligeramente. Parta toscamente en cuartos.

5. Mezcle las 3 cucharadas restantes de aceite con el vinagre, ajo y azúcar en un tazón mediano. Agregue los pimientos y los jitomates; mezcle hasta cubrir. Sazone con sal y pimienta.

6. Ase la trucha marina alrededor de 4 minutos por cada lado, hasta que se le marquen las líneas de la rejilla y esté cocida al término deseado. Sirva caliente, acompañando con la peperonata.

Si a usted le gustó esta receta, también le gustarán:

**salmón al miso** con ensalada de germinado de frijol

**trozos de pescado** con pasta chermoula y ensalada marroquí

96

102

# huachinango crujiente con salsa picante de coco

El huachinango es uno de los mejores pescados de carne blanca firme que existe en el mercado. Se puede conseguir fácilmente pero si no lo encuentra, sustituya por pescado de roca, bacalao o mero.

Rinde 4 porciones

30 minutos

5-10 minutos

2

**SALSA PICANTE DE COCO**

³⁄₄ taza (180 ml) de crema o leche de coco

2 cucharadas de jugo de limón amarillo recién exprimido

1 trozo (5 cm/2 in) de jengibre, sin piel y rebanado

1 cucharada de piloncillo (o azúcar de palma sin procesar), toscamente rallado o azúcar morena

1 chile serrano rojo (maduro), partido longitudinalmente a la mitad y sin semillas

**HUACHINANGO**

4 filetes de huachinango (150 g/5 oz c/u), con piel

4 cucharadas (60 ml) de aceite de oliva extra virgen
    Sal

250 g (8 oz) de ejotes, sin puntas

250 g (8 oz) de chícharos chinos (mangetout), limpios
    Hojas de cilantro, para acompañar

1. Para preparar la salsa picante de coco, mezcle la crema de coco con el jugo de limón, jengibre, piloncillo y chile en una olla mediana sobre fuego medio y lleve a ebullición. Disminuya el fuego y hierva a fuego lento durante 10 minutos para que se infundan los sabores y la salsa espese ligeramente. Cuele a través de un colador de malla fina. Vuelva a colocar en la olla y mantenga caliente.

2. Precaliente una plancha plana sobre un asador para intemperie o para interior a fuego alto.

3. Para preparar el huachinango, marque su piel en intervalos de 5 mm (1/4 in) para evitar que se enchine. Rocíe su piel con 2 cucharadas de aceite y frote cada filete con sal.

4. Ponga a hervir agua en una olla grande. Blanquee los ejotes durante 2 minutos y escurra. Vuelva a hervir el agua y blanquee los chícharos chinos alrededor de 30 segundos, hasta que estén suaves y de color verde brillante. Escurra.

5. Rocíe la plancha con las 2 cucharadas restantes de aceite. Cocine el pescado de 3 a 4 minutos, con la piel hacia abajo, hasta que la piel esté dorada y crujiente y la carne esté totalmente cocida.

6. Sirva el huachinango caliente acompañando con los ejotes y chícharos chinos. Usando una cuchara coloque la salsa sobre el pescado y espolvoree con el cilantro.

Si a usted le gustó esta receta, también le gustarán:

**brochetas** de lemon grass y camarones

66

**tortitas de cangrejo tai** con salsa de chile

68

**huachinango asado** a la parrilla con salsa agridulce

106

# trozos de pescado con pasta chermoula y ensalada marroquí

La salsa chermoula es una marinada tradicional usada en las cocinas del norte de África. Se prepara con diferentes combinaciones de ajo, limón, chiles, aceite de oliva y especias.

Rinde 4 porciones

15 minutos

4-12 horas

3-4 minutos

1

### PASTA CHERMOULA

| | |
|---|---|
| 5 | dientes de ajo, picados |
| 3 | chiles serranos rojos (maduros), sin semillas y picados |
| ½ | taza (15 g) de hojas de cilantro, picado |
| ½ | taza (15 g) de hojas de perejil de hoja plana, picado |
| ⅓ | taza (90 ml) de aceite de oliva extra virgen |
| ⅓ | taza (90 ml) de jugo de limón amarillo recién exprimido |
| 3 | cucharadita de páprika |
| 2 | cucharaditas de comino molido |
| 2 | cucharaditas de semillas de cilantro, molidas |
| 1 | cucharadita de pimienta de cayena |
| ½ | cucharadita de sal |
| ½ | cucharadita de pimienta negra recién molida |
| 4 | trozos (150 g/5 oz) de pescado blanco firme, como el huachinango, pescado roca o mero |

### ENSALADA MARROQUÍ

| | |
|---|---|
| 4 | jitomates medianos |
| 2 | pepinos, sin piel ni semillas y picados en dados pequeños |
| 2 | pimientos (capsicums), sin semillas y finamente picados |
| 1 | cebolla morada pequeña, picada en dados pequeños |
| 2 | cucharadas de jugo de limón amarillo recién exprimido |
| 1 | cucharada de vinagre de vino tinto |
| 1 | cucharadita de mostaza Dijon |
| 1 | diente de ajo, finamente picado |
| 3 | cucharadas de aceite de oliva extra virgen + el necesario para el asador |
| | Sal y pimienta negra recién molida |

1. Para preparar la pasta chermoula, mezcle el ajo con los chiles, semillas de cilantro y perejil en un procesador de alimentos y mezcle hasta obtener una pasta gruesa. Agregue el aceite, jugo de limón, páprika, comino, cilantro, pimienta de cayena, sal y pimienta; mezcle hasta integrar.

2. Mezcle el pescado con la pasta chermoula en un tazón grande y mezcle hasta cubrir. Tape y refrigere por lo menos 4 horas o durante toda la noche.

3. Precaliente un asador para intemperie o para interior a fuego alto.

4. Para preparar la ensalada marroquí, ponga a hervir agua en una olla mediana. Marque una cruz en la base de los jitomates y blanquee durante 10 segundos. Escurra y enfríe bajo del chorro de agua fría. Retire la piel, parta transversalmente a la mitad y retire las semillas. Pique la carne en dados pequeños.

5. Mezcle los jitomates, pepinos, pimientos y cebolla en un tazón mediano. Mezcle el jugo de limón, vinagre, mostaza y ajo en otro tazón pequeño. Integre gradualmente el aceite, batiendo, y sazone con sal y pimienta. Vierta sobre la ensalada y mezcle para integrar.

6. Barnice ligeramente la parrilla con aceite. Ase el pescado de 3 a 4 minutos de cada lado, hasta que esté totalmente cocido y tenga las marcas de la parrilla. Sirva caliente, acompañando con la ensalada.

# filetes de merluza con ensalada de papa caliente

El salmoriglio es un sazonador tradicional del sur de Italia. Existen muchas variaciones de la receta básica que por lo general incluye jugo de limón, aceite de oliva, ajo, sal y pimienta. Se sirve con pescado y carnes asadas.

**Rinde 4 porciones**

20 minutos

1 hora

10–12 minutos

1

### SALMORIGLIO

$1/3$ taza (90 ml) de aceite de oliva extra virgen

3 cucharadas de jugo de limón amarillo recién exprimido

1 diente de ajo, finamente picado

1 cucharadita de ralladura fina de limón amarillo

2 cucharadas de orégano fresco, finamente picado

2 cucharadas de perejil de hoja plana fresco, finamente picado

8 filetes de merluza o pescadilla (90 g/3 oz c/u)

Sal y pimienta negra recién molida

Rebanadas de limón amarillo,

### para acompañar
### ENSALADA DE PAPA CALIENTE

500 g (1 lb) de papas, sin piel y partidas en cuarterones

1 cebolla morada pequeña, rebanada

1 taza (50 g) de hojas de arúgula (rocket)

3 cucharadas de alcaparras, picadas

$1/4$ taza (60 ml) de mayonesa comprada o hecha en casa (vea página 58)

1 cucharada de vinagre de vino tinto

2 cucharaditas de mostaza con semillas

Sal y pimienta negra recién molida

1. **Para preparar** el salmoriglio, mezcle el aceite, jugo de limón, ajo, ralladura de limón, orégano y perejil en un tazón mediano. Agregue el pescado, sazone con sal y pimienta y mezcle para cubrir. Tape y refrigere durante una hora.

2. **Precaliente** un asador para intemperie o para interior a fuego alto.

3. **Para preparar** la ensalada de papa, coloque las papas en una olla mediana, cubra con agua fría y lleve a ebullición. Cuando suelte el hervor disminuya el fuego a bajo y hierva de 8 a 10 minutos,

hasta que estén suaves. Escurra y deje enfriar ligeramente. Coloque las papas, cebolla, arúgula y alcaparras en un tazón mediano.

4. **Mezcle** la mayonesa, vinagre y mostaza en un tazón pequeño y sazone con sal y pimienta. Vierta sobre las papas y mezcle para cubrir.

5. **Ase** el pescado alrededor de un minuto por cada lado, hasta que esté totalmente cocido. Sirva caliente acompañando con la ensalada de papa y rebanadas de limón.

Si a usted le gustó esta receta, también le gustarán:

**colapez** cubierto con dukkah
94

**huachinango** crujiente con salsa picante de coco
100

**trozos de pescado** con pasta chermoula y ensalada marroquí
102

# huachinango asado a la parrilla con salsa agridulce

El huachinango es un pescado excelente para asar entero. También puede usar robalo, pargo o mero pequeño.

- Rinde 4 porciones
- 15 minutos
- 1 hora
- 20–30 minutos

- 2

### SALSA AGRIDULCE

| | |
|---|---|
| 2 | chalotes pequeños, toscamente picados |
| 3 | chiles rojos grandes, sin semillas y toscamente picados |
| 4 | dientes de ajo, toscamente picados |
| 4 | raíces de cilantro, picadas |
| 3 | cucharadas de aceite vegetal |
| 3 | cucharadas de pasta de tamarindo, remojada en 1 taza (250 ml) de agua durante una hora |
| 1/4 | taza (60 ml) de salsa de pescado tai |
| 1/4 | taza (50 g) de piloncillo (o azúcar de palma sin procesar), toscamente picado o azúcar morena |

### HUACHINANGO

| | |
|---|---|
| 2 | huachinangos (1 kg/2 lb) enteros (u otro pescado blanco), limpio y sin escamas |
| 1/4 | taza (60 ml) de aceite vegetal |
| 1/2 | taza (75 g) de harina de trigo (simple), para cubrir |
| | Arroz basmati al vapor, para acompañar |

1. Precaliente una plancha plana sobre un asador para intemperie o para interior a fuego alto.

2. Para preparar la salsa agridulce, coloque los chalotes, chiles, ajo y raíces de cilantro en un mortero, molcajete grande con mano o procesador de alimentos y mezcle hasta obtener una pasta gruesa.

3. Caliente el aceite en una olla pequeña sobre fuego medio-bajo. Agregue la pasta de especias y mezcle alrededor de 30 segundos, hasta que aromatice.

4. Cuele el agua de tamarindo a través de un colador de malla fina y deseche los sólidos. Agregue el agua de tamarindo, salsa de pescado y piloncillo a la pasta de especias y lleve a ebullición. Disminuya el fuego a bajo y hierva de 3 a 4 minutos, hasta que espese y tenga la consistencia de una miel.

5. Marque el pescado haciendo tres cortes diagonales sobre ambos lados.

6. Rocíe el aceite sobre la plancha plana. Revuelque el pescado sobre la harina y ase de 7 a 10 minutos por cada lado, hasta que esté dorado y crujiente.

7. Vierta la salsa sobre el pescado y sirva caliente, acompañando con el arroz al vapor.

Si a usted le gustó esta receta, también le gustarán:

**huachinango crujiente** con salsa picante de coco

100

**trozos de pescado** con pasta chermoula y ensalada marroquí

102

**barramundi** entero con salsa de curry amarillo

108

# barramundi entero con salsa de curry amarillo

Si no consigue hojas de plátano para envolver el pescado, use papel aluminio cubierto con papel encerado para hornear.

Rinde 4 porciones

20 minutos

1 1/4 horas

10–15 minutos

2

## SALSA DE CURRY AMARILLO

| | |
|---|---|
| 4 | chiles rojos secos pequeños |
| 4 | cucharaditas de semillas de cilantro |
| 1 | cucharadita de semillas de comino |
| 2 | chalotes morados, toscamente picados |
| 2 | tallos de lemon grass (únicamente la parte blanca), toscamente picados |
| 2 | cucharaditas de jengibre rallado |
| 2 | dientes de ajo, toscamente picados |
| 2 | cucharaditas de pasta de camarón |
| 1 | cucharadita de cúrcuma molida |
| $1/2$ | cucharadita de sal |
| $1/2$ | taza (125 ml) de aceite vegetal |
| $1/4$ | taza (60 ml) de crema de coco (leche sin agitar) |

## PESCADO

| | |
|---|---|
| 4 | barramundis pequeños (350 g/12 oz) enteros (o huachinango, robalo, pargo o mero), limpios y sin escamas |
| $1/4$ | taza (60 ml) de aceite vegetal |
| 4 | trozos de hoja de plátano lo suficientemente grandes para envolver cada pescado |
| | Arroz al vapor, para acompañar |

1. Para preparar la salsa de curry amarillo, coloque los chiles en un tazón pequeño y cubra con agua fría. Deje remojar alrededor de 15 minutos, hasta que estén suaves. Escurra perfectamente.

2. Saltee las semillas de cilantro y comino en una sartén pequeña sobre fuego medio alrededor de un minuto, hasta que aromaticen. Pase a un molino para especias, mortero o molcajete con mano y muela hasta obtener un polvo fino.

3. Mezcle el polvo de especias con los chalotes, lemon grass, jengibre, ajo, pasta de camarón, cúrcuma y sal en un procesador de alimentos, mortero o molcajete con mano y mezcle hasta obtener una pasta gruesa. Agregue gradualmente la crema de coco, mezclando hasta integrar.

4. Para preparar el pescado, márquelos haciendo tres cortes diagonales sobre ambos lados. Frote la superficie con la salsa de curry, coloque los pescados sobre un plato, tape y refrigere durante una hora.

5. Precaliente una plancha plana sobre un asador para intemperie o para interior a fuego alto.

6. Caliente suavemente las hojas de plátano sobre el asador para que se puedan doblar con mayor facilidad.

7. Coloque el pescado sobre las hojas de plátano, dóblelas para cubrir el pescado y asegure con un palillo. Ase de 10 a 15 minutos, hasta que la carne se desmenuce fácilmente.

8. Sirva caliente, acompañando con arroz al vapor.

# Aves

# sándwiches de pollo schnitzel

El schnitzel es un platillo austriaco hecho tradicionalmente con una milanesa de ternera empanizada y frita. En nuestra receta usamos pechugas de pollo asadas en vez de ternera y las servimos en un sándwich con salsa, mayonesa y chutney de jitomate.

Rinde 4 porciones

25 minutos

5–10 minutos

1

**SCHNITZELS**

| | |
|---|---|
| 2 | pechugas de pollo sin hueso ni piel |
| 2 | tazas (120 g) de migas frescas de pan |
| 2 | cucharadas de queso parmesano recién rallado |
| 1 | cucharada de tomillo fresco, finamente picado |
| 2 | cucharaditas de ralladura fina de limón amarillo |
| ½ | taza (75 g) de harina de trigo (simple) |
| | Sal y pimienta negra recién molida |
| 1 | huevo grande |
| 2 | cucharadas de leche |
| 2 | cucharadas de aceite de oliva extra virgen |

**SÁNDWICHES**

| | |
|---|---|
| 4 | hogazas largas de pan, partidas a la mitad |
| 1 ½ | taza (40 g) de hortalizas verdes para ensalada |
| 1 | aguacate, rebanado |
| ½ | taza (120 g) de chutney de jitomate sazonado (vea página 28) |
| ½ | taza (120 g) de mayonesa comprada o hecha en casa (vea página 58) |

**SALSA DE JITOMATE Y CEBOLLA**

| | |
|---|---|
| 2 | jitomates, picados |
| 1 | cebolla morada pequeña, picada |
| 2 | cucharadas de perejil fresco, finamente picado |
| 1 | cucharada de jugo de limón amarillo recién exprimido |
| ½ | cucharadita de mostaza Dijon |
| 2 | cucharadas de aceite de oliva extra virgen |
| | Sal y pimienta negra recién molida |

1. Para preparar los schnitzels, corte las pechugas de pollo a la mitad y aplane ligeramente. Mezcle las migas de pan con el queso parmesano, tomillo y ralladura de limón en un tazón. Coloque la harina en un tazón y sazone con sal y pimienta.

2. Bata el huevo junto con la leche en un tazón. Pase el pollo por la harina, un trozo a la vez, después en el huevo y posteriormente cubra con migas de pan, presionando suavemente para que se adhieran. Reserve sobre un plato.

3. Precaliente una plancha plana sobre un asador para intemperie o interior a fuego medio.

4. Rocíe la plancha con una cucharada de aceite y cocine los schnitzels de 2 a 3 minutos, hasta que se doren sobre un lado. Rocíe con la cucharada restante de aceite, voltee y ase alrededor de 2 minutos, hasta que estén cocidos, dorados y crujientes. Escurra sobre toallas de papel.

5. Ase ligeramente los panes.

6. Para preparar la salsa de jitomate y cebolla, coloque los jitomates, cebolla y perejil en un tazón mediano. Mezcle el jugo de limón y la mostaza en un tazón pequeño. Integre el aceite, batiendo, y sazone con sal y pimienta. Integre con la salsa.

7. Para armar, cubra las bases del pan con lechuga y aguacate. Cubra con los schnitzels, salsa y una cucharada de chutney. Unte las tapas con mayonesa y tape los schnitzels. Sirva.

# hamburguesas tropicales de pollo

La piña combina muy bien con el pollo. La piña fresca es una opción saludable; es una buena fuente de vitaminas C, B6 y manganeso y también contiene enzimas que ayudan a la digestión.

| | | | |
|---|---|---|---|
| Rinde 4 porciones | 4 | rodajas delgadas de piña fresca, sin el corazón duro | ajonjolí, partidos transversalmente a la mitad |
| 20 minutos | 4 | rebanadas de queso cheddar | ½ taza (120 g) de mayonesa comprada o hecha en casa (vea página 58) |
| 5–10 minutos | 2 | pechugas de pollo sin hueso ni piel, rebanadas en 12 filetes | 8 hojas pequeñas de lechuga romana, troceadas |
| | 1 ó 2 | cucharadas de aceite de oliva extra virgen | ½ taza (120 g) de chutney dulce de mango comprado o hecho en casa (vea página 22) |
| 1 | | Sal y pimienta negra recién molida | |
| | 4 | rebanadas de tocino, partidas a la mitad | |
| | 4 | bollos para hamburguesa con | |

1. Precaliente un asador para intemperie o interior a fuego medio.

2. Ase la piña durante 1 ó 2 minutos de cada lado, hasta dorar. Coloque una rebanada de queso sobre cada rodaja de piña y deje que se derrita ligeramente. Reserve.

3. Barnice el pollo con el aceite y sazone con sal y pimienta. Ase de 2 a 3 minutos de cada lado, hasta que esté totalmente cocido y se le hayan marcado las líneas de la parrilla.

4. Ase el tocino de 2 a 3 minutos, hasta que esté crujiente. Ase ligeramente los bollos.

5. Para armar, unte mayonesa sobre las bases de los bollos y cubra con lechuga. Coloque la piña cubierta con queso, el pollo y el tocino sobre las bases. Usando una cuchara agregue un poco de chutney de mango y cubra con la tapa. Sirva caliente.

Si a usted le gustó esta receta, también le gustarán:

**hamburguesa** de carne de res y tocino con jalea de cebolla

172

**hamburguesas** de cordero estilo griego

216

**hamburguesas** de frijol y verduras

276

# fajitas de pollo con pimiento

Pruebe nuestra receta de guacamole en estos sustanciosos tacos estilo mexicano (vea página 40). Si no tiene tiempo suficiente y usa guacamole comprado, asegúrese de dejarlo reposar a temperatura ambiente antes de untarlo sobre las tortillas.

Rinde 4 porciones

30 minutos

4-12 horas

20-25 minutos

1

### MEZCLA MEXICANA DE ESPECIAS

| | |
|---|---|
| 2 | cucharaditas de orégano mexicano seco |
| 1 | cucharadita de páprika dulce |
| 1 | cucharadita de comino molido |
| 1 | cucharadita de cebolla en polvo |
| 1 | cucharadita de ajo en polvo |
| 1 | cucharadita de sal de mar |
| 1/2 | cucharadita de chile chipotle molido (chile mexicano en polvo) |

### FAJITAS

| | |
|---|---|
| 600 g | (1 1/4 lb) de muslos de pollo, sin piel y aplanados |
| 3 | cucharadas de aceite de oliva extra virgen + el necesario para barnizar |
| 1 | pimiento (capsicum) rojo |
| 1 | pimiento (capsicum) verde |
| 1 | cebolla grande, partida a la mitad y finamente rebanada |
| 8 | tortillas de harina |
| 1 | taza (250 g) de guacamole (vea página 40) |
| 1/2 | taza (125 g) de crema ácida |

1. Para preparar la mezcla mexicana de especias, coloque todos los ingredientes para la mezcla de especias en un tazón pequeño y revuelva hasta integrar.

2. Para preparar las fajitas, mezcle el pollo, aceite y mezcla de especias en un tazón y mezcle hasta cubrir. Tape y refrigere por 4 horas o durante toda la noche.

3. Precaliente un asador para intemperie o interior a fuego alto y una plancha plana sobre un asador para intemperie o interior a fuego medio.

4. Ase los pimientos sobre la parrilla o plancha del asador hasta que las pieles estén ampolladas y quemadas. Coloque en un tazón mediano, cubra con plástico adherente y deje enfriar.

5. Rocíe un poco de aceite sobre la plancha plana. Cocine la cebolla de 2 a 3 minutos, hasta que esté suave y dorada.

6. Ase el pollo de 4 a 5 minutos de cada lado, hasta que esté totalmente cocido. Pase a un plato, cubra y reserve en un lugar cálido durante 5 minutos. Rebane en tiras delgadas.

7. Retire la piel y las semillas de los pimientos y rebane en tiras. Mezcle los pimientos y la cebolla en un tazón mediano.

8. Barnice las tortillas con un poco de aceite y ase ligeramente.

9. Para armar, extienda una capa de guacamole en el centro de cada tortilla. Cubra con la mezcla de pimientos, crema ácida y pollo. Enrolle y sirva calientes.

# tortitas de pollo del Medio Oriente con pan plano y salsa de yogurt

Con su deliciosa mezcla de especias, nueces y fruta seca, estas tortitas de pollo plasman los sabores de las cocinas del Medio Oriente.

Rinde 6 porciones

20 minutos

1 hora

7-10 minutos

1

### TORTITAS DE POLLO
600 g (1 $^1/_4$ lb) de pollo molido
$^1/_2$   taza (30 g) de migas frescas de pan
1   huevo grande, ligeramente batido
1   diente de ajo, finamente picado
1   cucharadita de canela molida
1   cucharadita de comino molido
$^1/_2$   cucharadita de sal
$^1/_4$   cucharadita de pimienta negra recién molida
$^1/_2$   taza (80 g) de pistaches, toscamente picados

$^1/_3$   taza (60 g) de grosellas secas
2   cucharadas de perejil fresco, finamente picado

### SALSA SAZONADA DE YOGURT
1   taza (250 ml) de yogurt natural
$^1/_2$   cucharadita de canela molida
$^1/_2$   cucharadita de comino molido

### PARA COCINAR Y SERVIR
3   cucharadas de aceite de oliva extra virgen
     Pan árabe

1. Para preparar las tortitas de pollo, coloque el pollo molido, migas de pan, huevo, ajo, canela, comino, sal y pimienta en un procesador de alimentos y mezcle sólo hasta integrar.

2. Pase la mezcla a un tazón mediano, agregue los pistaches, grosellas y perejil; mezcle hasta integrar. Haga 18 tortitas del mismo tamaño. Coloque sobre un plato grande, tape y refrigere durante una hora.

3. Precaliente una plancha plana en un asador para intemperie o interior a fuego medio.

4. Para preparar la salsa sazonada de yogurt, mezcle el yogurt, canela y comino en un tazón pequeño.

5. Para cocinar, rocíe 2 cucharadas de aceite en una plancha plana y ase las tortitas de pollo de 3 a 4 minutos de cada lado, hasta que estén cocidas al término deseado.

6. Barnice el pan árabe con la cucharada restante de aceite y ase ligeramente.

7. Sirva las tortitas de pollo calientes acompañando con el pan árabe caliente y salsa de yogurt.

Si a usted le gustó esta receta, también le gustarán:

**tortitas de cangrejo tai** con salsa de chile

68

**tortitas** de pollo tai

120

**brochetas** kofta estilo indio

228

# tortitas de pollo tai

Estas sabrosas tortitas de pollo están aromatizadas con cilantro fresco, una hierba muy parecida al perejil. El cilantro tiene muchas propiedades saludables y se cree que ayuda a la buena digestión.

- Rinde 4 porciones
- 15 minutos
- 1 hora
- 6–8 minutos
- 1

| | |
|---|---|
| 600 g (1 1/4 lb) de pollo molido | |
| 1/2 | taza (30 g) de migas frescas de pan |
| 1 | huevo grande, ligeramente batido |
| 2 | dientes de ajo, finamente picados |
| 2 | cucharaditas de jengibre, finamente rallado |
| 1/2 | cucharadita de sal |
| 1/4 | cucharadita de pimienta negra recién molida |
| 2 | cucharadas de cilantro fresco, finamente picado |

| | |
|---|---|
| 2 | cebollitas de cambray, finamente picadas |
| 2 | chiles serranos rojos, sin semillas y finamente picados |
| 3 | hojas de limón kaffir, partidas en rebanadas delgadas |
| 2 | cucharadas de aceite vegetal |
| 1 | taza (250 ml) de salsa de chile comprada o hecha en casa (vea página 52) |
| | Rebanadas de limón amarillo, para acompañar |

1. Coloque el pollo molido, migas de pan, huevo, ajo, jengibre, sal y pimienta en un procesador de alimentos y procese sólo hasta integrar.

2. Pase la mezcla a un tazón mediano, agregue el cilantro, cebollitas de cambray, chiles y hojas de limón kaffir y mezcle hasta integrar. Haga 12 tortitas del mismo tamaño. Coloque sobre un plato grande, tape y refrigere durante una hora.

3. Precaliente una plancha plana sobre un asador para intemperie o interior a fuego medio.

4. Rocíe la plancha plana con el aceite y ase las tortitas de pollo de 3 a 4 minutos de cada lado, hasta cocer al término deseado.

5. Sirva calientes acompañando con la salsa de chile dulce y rebanadas de limón amarillo.

Si a usted le gustó esta receta, también le gustarán:

**tortitas de cangrejo tai** con salsa de chile

68

**tortitas de pollo** del Medio Oriente con pan plano y salsa de yogurt

118

# salchichas de pollo e hinojo con polenta ligera

Pregunte al carnicero de su localidad si tiene tripa de cerdo o contacte a un proveedor especialista. Rellene las tripas usando un embudo o invierta en un aditamento para su procesador de alimentos especial para rellenar salchichas.

Rinde 8-10 porciones

30 minutos

12 horas

45–60 minutos

2

**SALCHICHAS**

750 g (1 $\frac{1}{2}$ lb) de muslos de pollo sin hueso, toscamente picados

750 g (1 $\frac{1}{2}$ lb) de paleta de cerdo, sin hueso y toscamente picada

3 dientes de ajo, rebanados

2 cucharadas de semillas de hinojo

1 cucharada de páprika dulce

2 cucharaditas de sal

1 cucharadita de pimienta blanca recién molida

1 cucharadita de pimienta negra recién molida

1 cucharadita de pimienta de cayena recién molida

$\frac{1}{2}$ taza (25 g) de perejil, picado

3 cucharadas de Pernod
Tripas de cerdo

**POLENTA**

3 litros (3 qt) de agua fría
Sal

3 tazas (450 g) de polenta

1. Para preparar las salchichas, mezcle el pollo, cerdo, ajo, hinojo, páprika, sal, pimienta blanca, pimienta negra, pimienta de cayena, perejil y pernod en un tazón grande. Mezcle hasta integrar por completo. Refrigere durante toda la noche.

2. Muela la mezcla dos veces usando el molde mediano de un molino para carne. Regrese la carne molida al refrigerador y mantenga fría hasta que esté listo para rellenar las tripas.

3. Coloque las tripas de puerco en el rellenador de salchichas, haga un nudo en una de las puntas e introduzca la mezcla de salchicha en las tripas. Obtendrá una salchicha larga. Ate en porciones de aproximadamente 12 cm (5

in) de largo. Mantenga las salchichas en el refrigerador hasta que las vaya a cocinar.

4. Para preparar la polenta, ponga a hervir el agua con un poco de sal en una olla grande. Agregue gradualmente la polenta, revolviendo constantemente para que no se formen grumos. Cocine, mezclando, de 40 a 45 minutos, hasta que la polenta empiece a separarse de las orillas de la olla.

5. Precaliente un asador para intemperie o interior a fuego medio.

6. Ase las salchichas de 5 a 7 minutos, hasta que estén doradas y totalmente cocidas. Sirva calientes acompañando con la polenta.

Si a usted le gustó esta receta, también le gustarán:

**tortitas** de pollo tai

120

**salchichas de puerco** e hinojo con col morada

224

**brochetas kofta** estilo indio

228

# pollo yakatori

El yakatori es un platillo japonés de brochetas de pollo marinadas que se asan y acompañan con una salsa. Nuestra salsa tare es una salsa clásica. La shoyu (salsa de soya), sake y mirin se pueden conseguir en tiendas especializadas en alimentos asiáticos.

Rinde 4 porciones

15 minutos

1 hora

4–6 minutos

1

**SALSA TARE**

¼ taza (60 ml) de shoyu (salsa de soya japonesa)

3 cucharadas de sake

2 cucharadas de mirin

1 ½ cucharada de azúcar

**YAKATORI**

500 g (1 lb) de filetes de muslo de pollo sin piel

2 cucharadas de aceite vegetal

1. Para preparar la salsa tare, mezcle la shoyu, sake, mirin y azúcar en una olla pequeña y lleve a ebullición. Disminuya el fuego y hierva a fuego lento alrededor de 2 minutos, hasta que el azúcar se haya disuelto y la salsa haya espesado ligeramente. Pase a un tazón pequeño y deje enfriar.

2. Corte el pollo en cubos de 2 cm (3/4 in). Ensarte el pollo en pinchos pequeños para brochetas de metal o bambú.

Barnice con la mitad de la salsa, tape y refrigere durante una hora.

3. Precaliente una plancha plana en un asador para intemperie o interior a fuego medio.

4. Rocíe el aceite sobre la plancha. Cocine las brochetas de 2 a 3 minutos de cada lado, barnizando ocasionalmente con la salsa restante, hasta que estén totalmente cocidas. Sirva calientes.

Si a usted le gustó esta receta, también le gustarán:

**brochetas** de lemon grass y camarones

66

**pollo satay** estilo tai

126

# pollo satay estilo tai

El satay, también conocido como saté, es un platillo del sureste de Asia hecho con trozos pequeños de carne marinada y ensartada en brochetas, acompañado con una salsa de remojo que por lo general está hecha a base de cacahuates.

Rinde 4-6 porciones

15 minutos

1 hora

3-5 minutos

1

**BROCHETAS**

| | |
|---|---|
| 2 | cucharadas de aceite vegetal |
| 2 | cucharadas de salsa de soya |
| 2 | cucharaditas de pasta de tamarindo |
| 1 | tallo de lemon grass, picado |
| 2 | dientes de ajo, finamente picados |
| 1 | cucharadita de comino molido |
| 1 | cucharadita de semillas de cilantro, molidas |
| 1 | cucharada de jugo de limón amarillo recién exprimido |
| 1 | cucharadita de azúcar morena |
| ½ | cucharadita de chile en polvo |

1 kg (2 lb) de pechugas de pollo sin piel ni hueso, cortadas en cubos pequeños

**SALSA DE CACAHUATE**

| | |
|---|---|
| 6 | cucharadas de crema de cacahuate con trocitos |
| 2 | cucharadas de cacahuates, picados |
| 1 | lata (400 g/14 oz) de leche de coco |
| 2 | cucharaditas de salsa de curry tai |
| 1 | cucharada de salsa de pescado tai |
| 1 | cucharadita de pasta de jitomate |
| 1 | cucharada de azúcar morena |

1. Para preparar las brochetas, mezcle el aceite vegetal, salsa de soya, pasta de tamarindo, lemon grass, ajo, comino, semillas de cilantro, jugo de limón, azúcar morena y chile en polvo en un procesador de alimentos y procese hasta obtener una pasta tersa. En un tazón grande o bolsa de plástico grande mezcle el pollo con la marinada. Refrigere durante una hora.

2. Precaliente un asador para intemperie o interior a fuego medio-alto.

3. Para preparar la salsa de cacahuate,

mezcle la crema de cacahuate, cacahuates, leche de coco, pasta de curry, salsa de pescado, pasta de jitomate y azúcar morena en una olla pequeña. Cocine, mezclando, sobre fuego medio-bajo hasta obtener una mezcla tersa. Mantenga caliente.

4. Ensarte el pollo en pinchos para brochetas de bambú o metal. Ase de 3 a 5 minutos de cada lado, hasta que su centro ya no esté de color rosado. Sirva calientes acompañando con la salsa de cacahuate.

Si a usted le gustó esta receta, también le gustarán:

**pollo** yakatori

124

**brochetas de res** satay estilo indonesio

186

**brochetas** de puerco tikka

234

# pollo asado con ensalada estilo vietnamita

Sirva esta ligera y saludable ensalada para un almuerzo.

Rinde 4 porciones

30 minutos

2 horas

2–4 minutos

1

## POLLO

2   cucharadas de aceite de cacahuate

1   cucharada de jugo de limón amarillo recién exprimido

2   cucharadas de hojas de cilantro fresco, finamente picadas

1   chile serrano verde, sin semillas y finamente picado

1   diente de ajo, finamente picado

1   cucharadita de jengibre, finamente rallado

2   pechugas de pollo sin hueso ni piel, cortadas en rebanadas de 1 cm ($\frac{1}{2}$ in) de grueso

## ENSALADA

1   pepino, sin piel y partido longitudinalmente a la mitad

$\frac{1}{4}$   de wom bok (col china), finamente desmenuzada

1   taza (50 g) de germinado de frijol

1   zanahoria mediana, rallada

$\frac{1}{2}$   pimiento (capsicum) rojo, partido en tiras delgadas

4   cebollitas de cambray, cortadas en bastones de 4 cm (1 $\frac{1}{2}$ in)

1   taza (50 g) de hojas de cilantro fresco

$\frac{1}{4}$   taza de hojas de menta fresca

3   cucharadas de cacahuates asados, toscamente picados

## ADEREZO

3   cucharadas de jugo de limón amarillo recién exprimido

2   cucharadas de salsa de pescado tai

1   cucharada de piloncillo (o azúcar de palma sin procesar), toscamente rallado o azúcar morena

1   chile rojo grande, sin semillas y partido en rebanadas delgadas

1   diente de ajo, finamente picado

1   cucharadita de jengibre, finamente rallado

1. Para preparar el pollo, mezcle el aceite de cacahuate, jugo de limón, cilantro, chile, ajo y jengibre en un tazón mediano. Agregue el pollo y mezcle hasta cubrir. Tape y refrigere durante 2 horas.

2. Precaliente un asador para intemperie o interior a fuego medio.

3. Para preparar la ensalada, retire las semillas de pepino con ayuda de una cuchara. Rebane en tiras delgadas y del largo de un cerillo.

4. Mezcle el pepino, col, germinado de frijol, zanahoria, pimiento, cebollitas de cambray, cilantro y menta en un tazón grande.

5. Para preparar el aderezo, mezcle el jugo de limón, salsa de pescado, piloncillo, chile, ajo y jengibre en un tazón pequeño hasta integrar por completo.

6. Ase el pollo durante 1 ó 2 minutos de cada lado, hasta que esté totalmente cocido y se le hayan marcado las líneas de la parrilla.

7. Desmenuce toscamente el pollo e integre con la ensalada. Rocíe con el aderezo y mezcle hasta integrar.

8. Sirva caliente espolvoreando con los cacahuates.

# pollo asado con ensalada César

Nuestra receta para el aderezo rendirá aproximadamente para el doble de lo que usted necesita para esta ensalada. Almacénelo en un recipiente con cierre hermético en el refrigerador hasta por 2 días.

Rinde 4 porciones

20 minutos

10–15 minutos

1

### ADEREZO DE ANCHOA

2 yemas de huevo grandes
2 cucharadas de vinagre de vino blanco
4 filetes de anchoa, finamente picados
2 cucharaditas de mostaza sin semilla
2 cucharaditas de salsa inglesa
1 diente de ajo, picado
1 taza (250 ml) de aceite de oliva extra virgen
Sal y pimienta blanca recién molida

### ENSALADA

4 huevos grandes

2 pechugas de pollo sin hueso ni piel, cortadas en 12 fajitas de pollo
2 cucharadas de aceite de oliva extra virgen
Sal y pimienta negra recién molida
8 rebanadas de pancetta o tocino
1 pan turco pequeño, partido transversalmente a la mitad
2 cucharadas de mantequilla, derretida
3 lechugas romanas pequeñas, sus hojas separadas
60 g (2 oz) de queso parmesano, en láminas, + el necesario para acompañar
4 filetes de anchoa, para acompañar

1. Para preparar el aderezo de anchoa, coloque las yemas de huevo, vinagre, anchoas, mostaza, salsa inglesa y ajo en un procesador de alimentos pequeño y mezcle hasta integrar. Agregue gradualmente el aceite en hilo lento y continuo, procesando hasta espesar e integrar por completo. Sazone con sal y pimienta blanca.

2. Precaliente un asador para intemperie o interior a fuego medio.

3. Para preparar la ensalada, coloque los huevos en una olla pequeña y cubra con agua fría. Lleve a ebullición y cocine durante 3 1/2 minutos. Escurra y enfríe bajo el chorro de agua fría. Retire el cascarón.

4. Barnice el pollo con el aceite y sazone con sal y pimienta. Ase de 2 a 3 minutos de cada lado, hasta que esté totalmente cocido y se le hayan marcado las líneas de la parrilla.

5. Ase la pancetta de 3 a 4 minutos, hasta que esté crujiente. Barnice el pan con mantequilla derretida y ase de 3 a 4 minutos, hasta que esté dorado y crujiente.

6. Rebane toscamente el pollo y la pancetta y trocee el pan en trozos del tamaño de un bocado. Mezcle el pollo, la pancetta, lechuga y queso parmesano en una ensaladera. Agregue 1/2 taza (120 ml) del aderezo y mezcle para cubrir.

7. Sirva cubierto con un huevo cocido tierno cortado a la mitad, los filetes de anchoa y láminas de queso parmesano.

# pollo a las especias con ensalada de cebolla y jitomate

Ésta es una receta india para preparar pollo asado. El garam masala es una mezcla de especias que se puede conseguir fácilmente en las tiendas especializadas en alimentos asiáticos.

Rinde 4 porciones

20 minutos

4–12 horas

20–30 minutos

2

### MARINADA

| | |
|---|---|
| 2 | cucharadas de jengibre, finamente rallado |
| 5 | dientes de ajo, finamente picados |
| 3 | cucharaditas de páprika dulce molida |
| 3 | cucharaditas de semillas de cilantro, molidas |
| 3 | cucharaditas de comino molido |
| 2 | cucharaditas de chile en polvo |
| 2 | cucharaditas de garam masala |
| 1 | cucharadita de cúrcuma molida |
| 1 | taza (250 g) de yogurt natural |
| $\frac{1}{4}$ | taza (60 ml) de jugo de limón amarillo recién exprimido |
| 2 | cucharadas de aceite vegetal |
| 1 | pollo (1.5 kg/3 lb), sin piel |
| | Pan naan, para acompañar |
| 2 | cucharadas de mantequilla, derretida |

### ENSALADA DE CEBOLLA Y JITOMATE

| | |
|---|---|
| 3 | jitomates medianos, rebanados |
| 1 | pepino pequeño, sin piel y rebanado |
| 1 | cebolla morada pequeña, rebanada |
| 1 | cucharada de cilantro fresco, finamente picado |
| 1 | cucharada de perejil fresco, finamente picado |
| 1 | cucharada de menta fresca, finamente picada |
| 2 | cucharadas de jugo de limón amarillo recién exprimido |
| 1 | diente de ajo, finamente picado |
| $\frac{1}{2}$ | cucharadita de comino molido |
| 3 | cucharadas de aceite de oliva extra virgen |
| | Sal y pimienta negra recién molida |

1. Para preparar la marinada, mezcle el jengibre, ajo, páprika, cilantro, comino, chile en polvo, garam masala y cúrcuma en un tazón mediano. Integre el yogurt, jugo de limón y aceite.

2. Coloque el pollo con el lado de la pechuga hacia abajo sobre una tabla para picar. Usando un cuchillo filoso o tijeras de cocina, corte de arriba hacia abajo a ambos lados de la columna vertebral y retírela. Coloque el pollo abierto sobre la tabla para dejar plano y con el lado cortado hacia abajo. Haga varios cortes en la parte más gruesa de las piernas del pollo. Cubra con la marinada, tape y deje marinar por 4 horas o durante toda la noche.

3. Precaliente una plancha plana sobre un asador para intemperie o interior a fuego medio.

4. Para preparar la ensalada, mezcle los jitomates, pepino, cebolla, cilantro, perejil y menta en un tazón mediano. Mezcle el jugo de limón, ajo y comino en un tazón pequeño. Integre gradualmente el aceite, batiendo, y sazone con sal y pimienta. Vierta sobre la mezcla de jitomate y revuelva para cubrir.

5. Ase el pollo de 10 a 15 minutos de cada lado, barnizando ocasionalmente, hasta que cuando pique la parte más gruesa del muslo, el jugo salga claro.

6. Barnice el pan naan con mantequilla derretida y ase ligeramente.

7. Corte el pollo en porciones. Sirva caliente acompañando con la ensalada y pan naan.

# pollo piri-piri con limones asados

El pollo piri-piri es originario de Angola y Mozambique y posteriormente se hizo popular en Portugal. Consiste en pollo marinado en una salsa de chile y después asado.

Rinde 4 porciones

20 minutos

4–12 horas

25–30 minutos

2

**MARINADA**

| | |
|---|---|
| ½ | taza (125 ml) de aceite de oliva extra virgen |
| ¼ | taza (60 ml) de jugo de limón amarillo recién exprimido |
| 10 | chiles serranos rojos (maduros) |
| 3 | dientes de ajo, toscamente picados |
| 2 | cucharaditas de jengibre, finamente rallado |
| 2 | cucharaditas de páprika dulce |
| 2 | cucharaditas de orégano fresco, finamente picado |
| 1 | cucharadita de sal |

**POLLO**

| | |
|---|---|
| 1.5 kg (3 lb) de pollo | |
| 4 | tazas de Salsa mexicana de frijoles blancos y granos de elote, para acompañar (vea página 48) |
| 2 | limones amarillos |

1. Para preparar la marinada, coloque el aceite, jugo de limón, chiles, ajo, jengibre, páprika, orégano y sal en una olla pequeña y lleve a ebullición. Disminuya el fuego y hierva a fuego lento durante 2 minutos. Retire del fuego y deje enfriar ligeramente. Pase a un procesador de alimentos y procese hasta obtener una mezcla tersa.

2. Para preparar el pollo, coloque el pollo con las pechugas hacia abajo sobre una tabla para picar. Usando un cuchillo filoso o tijeras de cocina, corte hacia abajo a cada lado del hueso y retírelo. Abra el pollo para aplanar, con el lado cortado hacia abajo. Haga varios cortes en la parte más gruesa de las piernas de pollo.

Cubra con la marinada, tape y refrigere por 4 horas o durante toda la noche.

3. Precaliente un asador para intemperie o interior a fuego medio y una plancha plana sobre un asador para intemperie o interior a fuego alto.

4. Ase el pollo de 10 a 15 minutos de cada lado, barnizando ocasionalmente, hasta que al picar con un cuchillo la parte más gruesa del muslo, el jugo salga claro.

5. Rebane los limones transversalmente a la mitad y ase durante 1 ó 2 minutos sobre la plancha plana, con el lado cortado hacia abajo, hasta que se quemen.

6. Sirva caliente acompañando con la salsa y los limones asados.

Si a usted le gustó esta receta, también le gustarán:

**pollo a las especias** con ensalada de cebolla y jitomate
132

**piernas de pollo** estilo jamaiquino con arroz y frijoles
146

**pollo al curry rojo** con ensalada de calabaza asada
152

# pollo marroquí con limón y aceitunas

En Marruecos los limones amarillos se conservan en sal y en su propio jugo. Los limones en conserva se venden en las tiendas y mercados especializados en alimentos del norte de África y Medio Ambiente.

- Rinde 4 porciones
- 20 minutos
- 4–12 horas
- 15–20 minutos

- 1

## POLLO

| | |
|---|---|
| 3 | cucharadas de aceite de oliva extra virgen |
| 1 | cebolla grande, rebanada |
| 2 | dientes de ajo, finamente picados |
| 2 | cucharaditas de jengibre molido |
| 2 | cucharaditas de comino molido |
| 1 | cucharadita de cúrcuma molida |
| $\frac{1}{2}$ | cucharadita de sal |
| $\frac{1}{4}$ | cucharadita de pimienta recién molida |
| 1 | limón amarillo en conserva, enjuagado, sin pulpa y finamente picado |
| $\frac{1}{2}$ | taza (50 g) de aceitunas verdes, sin hueso y finamente picadas |
| 3 | cucharadas de cilantro fresco, finamente picado, + las hojas necesarias para decorar |
| 4 | piernas de pollo (piernas con muslos), con varios cortes transversales |

## CUSCÚS

| | |
|---|---|
| 1 $\frac{1}{2}$ | taza (375 ml) de caldo de pollo |
| 1 $\frac{1}{2}$ | taza (300 g) de cuscús |
| 2 | cucharadas de mantequilla Sal |

1. Para preparar el pollo, mezcle el aceite, cebolla, ajo, jengibre, comino, cúrcuma, sal, pimienta, limón en conserva, aceitunas y cilantro en un tazón grande. Agregue el pollo, mezcle hasta cubrirlo por completo, frotando la marinada por debajo de la piel y dentro de las rajadas. Cubra y refrigere por lo menos 4 horas o durante toda la noche.

2. Precaliente una plancha plana sobre un asador para intemperie o interior a fuego medio.

3. Para preparar el cuscús, coloque el caldo de pollo en una olla mediana y lleve a ebullición. Retire del fuego, integre el cuscús, tape y reserve durante 10 minutos. Esponje ligeramente los granos usando un tenedor e integre la mantequilla. Sazone con sal.

4. Ase el pollo de 7 a 8 minutos de cada lado, con la piel hacia abajo primero, hasta que esté dorado y totalmente cocido.

5. Sirva caliente acompañando con el cuscús y decorando con más cilantro.

Si a usted le gustó esta receta, también le gustarán:

**pollo piri-piri** con limones asados

134

**pollo za'tar con** coliflor a las especias

158

**cordero marinado** al yogurt con calabacitas y chícharos

240

# pechuga de pollo rellena con ratatouille

Este platillo es un almuerzo ligero perfecto. Es ideal para aquellas personas que están siguiendo una dieta baja en carbohidratos.

Rinde 4 porciones

40 minutos

1 hora

20–30 minutos

2

**POLLO**

1 taza (250 g) de queso ricotta fresco

¼ taza (60 g) de pesto comprado o hecho en casa (vea página 36)

Sal y pimienta negra recién molida

4 pechugas de pollo sin hueso, con piel

2 cucharadas de aceite de oliva extra virgen

**RATATOUILLE**

2 berenjenas (aubergines), partidas longitudinalmente en rebanadas gruesas

Sal y pimienta negra recién molida

1 pimiento (capsicum) rojo

1 pimiento (capsicum) verde

2 calabacitas (courgettes) medianas, partidas longitudinalmente en rebanadas gruesas

4 cucharadas (60 ml) de aceite de oliva extra virgen

4 jitomates medianos, cortados en cuñas

1 cucharada de vinagre de vino tinto

1 cucharada de aceite de oliva extra virgen

1 diente de ajo, finamente picado

3 cucharadas de perejil fresco, finamente picado

1. Para preparar el pollo, mezcle el queso ricotta y el pesto en un tazón mediano. Sazone con sal y pimienta. Introduzca una cuarta parte de la mezcla debajo de la piel de cada pechuga. Coloque sobre un plato, cubra y refrigere durante una hora.

2. Precaliente un asador para intemperie o interior a fuego medio-alto y una plancha plana sobre un asador para intemperie o interior a temperatura media.

3. Para preparar la ratatouille, coloque las rebanadas de berenjena sobre una rejilla de alambre, espolvoree con sal y reserve durante 30 minutos. Retire el exceso de sal con toallas de papel.

4. Ase los pimientos hasta que las pieles estén quemadas y ampolladas. Pase a un tazón, cubra con plástico adherente y deje enfriar ligeramente.

5. Rocíe las berenjenas y las calabacitas con 2 cucharadas de aceite y sazone con sal y pimienta. Ase de 2 a 3 minutos de cada

lado, hasta que estén suaves y se les hayan marcado las líneas de la parrilla.

6. Rocíe los jitomates con una cucharada de aceite y ase sobre la plancha plana de 2 a 3 minutos, hasta que estén suaves. Coloque las berenjenas, calabacitas y jitomates sobre un plato y reserve.

7. Retire la piel y las semillas de los pimientos y parta en dados de aproximadamente 2.5 cm (1 in). Corte las calabacitas, berenjenas y jitomates aproximadamente del mismo tamaño y mezcle en un tazón mediano.

8. Mezcle el vinagre de vino tinto, cucharada restante de aceite y ajo en un tazón pequeño. Vierta sobre las verduras. Agregue el perejil y mezcle para cubrir.

9. Barnice el pollo con el aceite y sazone con sal y pimienta. Ase de 5 a 6 minutos de cada lado, colocando primero el lado de la piel hacia abajo, hasta que esté dorado y totalmente cocido. Sirva caliente acompañando con la ratatouille.

# pechuga de pollo asada con elote a la crema y salsa

Este platillo es un almuerzo o cena ligera y saludable. Acompañe con una ensalada verde y una rebanada de pan integral para obtener una comida completa.

Rinde 4 porciones

40 minutos

2 horas

30–35 minutos

2

## POLLO

2 cucharadas de aceite de oliva extra virgen

1 cucharada de jugo de limón amarillo recién exprimido

1 cucharadita de chile en polvo

1 cucharadita de comino molido

4 pechugas de pollo sin hueso, con piel

Sal y pimienta negra recién molida

3 tazas de salsa de jitomate y pimiento asado (vea página 42)

## ELOTE A LA CREMA

4 mazorcas de elote, sin hojas ni hebras

$1/4$ taza (60 g) de mantequilla

4 cebollitas de cambray, únicamente la parte blanca, finamente picadas

1 taza (250 ml) de agua

$1/3$ taza (90 ml) de crema descremada (light)

$1/4$ taza (60 ml) de crème fraîche
Sal y pimienta blanca

1. Para preparar el pollo, mezcle el aceite, jugo de limón, chile y comino en un tazón mediano. Agregue el pollo, sazone con sal y pimienta y mezcle para cubrir. Tape y refrigere durante 2 horas.

2. Precaliente un asador para intemperie o interior a fuego medio.

3. Para preparar el elote a la crema, desgrane las mazorcas. Derrita la mantequilla en una olla mediana sobre fuego medio-bajo. Agregue las cebollitas de cambray y cocine de 2 a 3 minutos, hasta que estén suaves. Añada los granos de elote, agua y crema y lleve a ebullición. Disminuya el fuego a bajo y

hierva alrededor de 15 minutos, hasta que los granos de elote estén suaves y el líquido se haya reducido a la mitad. Pase a un procesador de alimentos y procese hasta obtener un puré terso. Agregue la crème fraîche y mezcle hasta integrar por completo. Regrese a la olla, sazone con sal y pimienta blanca; mantenga caliente.

4. Ase el pollo de 5 a 6 minutos de cada lado, con el lado de la piel hacia abajo primero, hasta que esté dorado y totalmente cocido.

5. Sirva el pollo caliente acompañando con el elote a la crema y salsa.

Si a usted le gustó esta receta, también le gustarán:

**pechuga de pollo** rellena con ratatouille

138

**pollo al cilantro** y coco con arroz aromático

142

**pollo con mantequilla** de ajo y puré de frijol blanco

144

# pollo al cilantro y coco con arroz aromático

Las raíces de cilantro tienen un sabor más fuerte e intenso que las hojas. El cilantro crece en forma silvestre en el Medio Oriente y Europa y se cultiva a gran escala en América. Busque las raíces de cilantro en los mercados o en las tiendas de frutas y verduras de su localidad.

| | |
|---|---|
| Rinde 4 porciones | |
| 20 minutos | |
| 4–12 horas | |
| 10–15 minutos | |
| 1 | |

2 chalotes morados, picados

2 chiles serranos verdes, sin semillas y picados

1 tallo de lemon grass, únicamente la parte blanca, picado

1 trozo (2.5 cm/1 in) de jengibre, sin piel y picado

4 raíces de cilantro, picadas

½ taza (25 g) de hojas de cilantro fresco

2 dientes de ajo, finamente picados

1 taza (250 ml) de crema de coco

2 cucharadas de jugo de limón amarillo recién exprimido

2 cucharaditas de piloncillo (azúcar de palma sin procesar), rallado o azúcar morena suave

1 cucharadita de salsa de pescado tai

4 pechugas de pollo, sin hueso, con piel

Arroz jazmín cocido al vapor, para acompañar

Rebanadas de limón amarillo, para acompañar

1. **Mezcle** los chalotes, chiles, lemon grass, jengibre, raíces y hojas de cilantro y ajo en un procesador de alimentos pequeño; procese hasta obtener una pasta gruesa. Agregue la crema de coco, jugo de limón, piloncillo y salsa de pescado y procese hasta obtener una pasta tersa.

2. **Pase** a un tazón mediano, agregue las pechugas de pollo y mezcle para cubrir. Tape y refrigere por lo menos 4 horas o durante toda la noche.

3. **Precaliente** una plancha plana sobre un asador para intemperie o interior a fuego medio.

4. **Escurra** el pollo (reservando la marinada) y ase de 5 a 6 minutos de cada lado, con el lado de la piel hacia abajo primero, hasta que esté dorado y totalmente cocido. Pase a un plato, tape y reserve en un lugar cálido durante 5 minutos.

5. **Coloque** la marinada en una olla pequeña y lleve a ebullición.

6. **Rebane** el pollo y sirva acompañando con el arroz, la marinada y rebanadas de limón.

Si a usted le gustó esta receta, también le gustarán:

**pollo marroquí** con limón y aceitunas

136

**pollo con mantequilla** de ajo y puré de frijol blanco

144

**brochetas de res** satay estilo indonesio

186

# pollo con mantequilla de ajo y puré de frijol blanco

Los frijoles cannellini son unos frijoles blancos de Italia que cuando se cocinan tienen una textura cremosa y un sabor anuezado. Se pueden conseguir con facilidad, pero si no los encuentra sustituya por alubias blancas o frijoles Great Northern.

- Rinde 4 porciones
- 30 minutos
- 1 hora
- 1 hora

- 2

### MANTEQUILLA DE AJO

180 g (6 oz) de mantequilla, suavizada

6 dientes de ajo, finamente picados

2 cucharadas de perejil fresco, finamente picado

Un chorrito de salsa Tabasco

### POLLO

4 pechugas de pollo, sin hueso, con piel

4 cucharadas (60 ml) de aceite de oliva extra virgen

Sal y pimienta negra recién molida

3 tazas (150 g) de hojas de arúgula (rocket)

1 cucharada de vinagre de vino tinto

1 cucharadita de mostaza Dijon

### PURÉ DE FRIJOL BLANCO

2 tazas (200 g) de frijoles cannellini secos, remojados en agua durante toda la noche, escurridos y enjuagados

4 tazas (1 litro) de caldo de pollo

1 cebolla mediana, partida en cuartos

Sal y pimienta blanca recién molida

1. Para preparar la mantequilla de ajo, coloque la mantequilla, ajo, perejil y salsa Tabasco en un tazón mediano y bata con ayuda de una cuchara de madera hasta integrar.

2. Para preparar el pollo, introduzca la mantequilla de ajo por debajo de la piel de la pechuga de pollo. Pase a un plato, cubra y refrigere durante una hora.

3. Para preparar el puré de frijol blanco, coloque los frijoles, caldo de pollo y cebolla en una olla mediana y lleve a ebullición. Disminuya el fuego y hierva a fuego lento de 50 a 60 minutos, hasta que los frijoles estén suaves. Retire del fuego y deje enfriar ligeramente.

4. Precaliente una plancha plana sobre un asador para intemperie o interior a fuego medio.

5. Barnice el pollo con 2 cucharadas de aceite y sazone con sal y pimienta. Ase de 5 a 6 minutos de cada lado, con la piel hacia abajo primero, hasta que esté dorado y totalmente cocido. Pase a un plato, tape y reserve en un lugar cálido durante 5 minutos.

6. Pase los frijoles a un procesador de alimentos y procese hasta obtener una mezcla tersa. Regrese a la olla, sazone con sal y pimienta y mantenga calientes.

7. Coloque la arúgula en un tazón mediano. Mezcle el vinagre y la mostaza en un tazón pequeño. Integre gradualmente las 2 cucharadas restantes de aceite, batiendo, y sazone con sal y pimienta. Vierta sobre la arúgula.

8. Sirva el pollo caliente acompañado con el puré de frijol blanco y las hojas de arúgula.

# piernas de pollo estilo jamaiquino con arroz y frijoles

El sazonador jerk es originario de Jamaica y se hace creando una mezcla o marinada muy picante y sazonada que se usa para carne de puerco o pollo, pescados y otras carnes.

Rinde 4 porciones

30 minutos

1 hora

25–35 minutos

2

### SAZONADOR JERK

| | |
|---|---|
| 3 | chalotes morados, toscamente picados |
| 2 | cebollitas de cambray, toscamente picadas |
| 1 ó 2 | chiles scotch bonnet o habaneros, sin semillas y toscamente picados |
| 2 | dientes de ajo, toscamente picados |
| 2 | cucharadas de azúcar morena clara |
| 1 | cucharada de granos de pimienta, molidos |
| 2 | cucharaditas de hojas de tomillo seco |
| 1 | cucharadita de canela molida |
| $\frac{1}{2}$ | cucharadita de nuez moscada molida |
| $\frac{1}{4}$ | cucharadita de clavo de olor molido |
| 2 | cucharadas de vinagre de vino blanco |

| | |
|---|---|
| 1 | cucharada de aceite vegetal |

### POLLO

| | |
|---|---|
| 8 | piernas de pollo, con cortes diagonales |
| 4 | tazas de salsa de piña, chile y cilantro (vea página 44) |
| 1 | cucharada de aceite vegetal |

### ARROZ Y FRIJOLES

| | |
|---|---|
| 2 | cucharadas de aceite vegetal |
| 1 $\frac{1}{2}$ | taza (300 g) de arroz de grano largo |
| 1 | diente de ajo, finamente picado |
| 1 | lata (400 ml/14 oz) de leche de coco |
| $\frac{3}{4}$ | taza (180 ml) de agua |
| 1 | lata (400 g/14 oz) de frijoles bayos, escurridos y enjuagados |

1. Para preparar el sazonador jerk, coloque los chalotes, cebollitas de cambray, chiles, ajo, azúcar morena, pimenta, tomillo, canela, nuez moscada y clavo de olor en un procesador de alimentos pequeño y procese hasta obtener una pasta tersa. Agregue el vinagre y el aceite y procese hasta obtener una mezcla tersa.

2. Para preparar el pollo, cubra las piernas de pollo con el sazonador jerk, frotándolo dentro de los cortes y por debajo de la piel. Tape y refrigere durante una hora.

3. Precaliente un asador para intemperie o interior a fuego medio.

4. Para preparar el arroz y los frijoles, caliente el aceite en una olla mediana sobre fuego medio. Agregue el arroz y el ajo y mezcle hasta cubrir. Integre la leche de coco y el agua y lleve a ebullición. Disminuya el fuego a bajo, tape y hierva de 15 a 20 minutos, hasta que el arroz esté suave y todo el líquido se haya absorbido.

5. Ase las piernas de pollo de 10 a 15 minutos, volteándolas frecuentemente, hasta que estén ligeramente tatemadas y totalmente cocidas.

6. Sirva el pollo caliente acompañando con el arroz, los frijoles y salsa.

# pollo al estragón
## con lentejas puy

Las lentejas Puy son bastante pequeñas y de color verde pizarra. Originarias de la región Le Puy en Francia, son consideradas las lentejas de mejor calidad debido a su sabor anuezado, ligeramente apimentado y su buena textura.

Rinde 4 porciones

20 minutos

2 horas

35–40 minutos

1

**POLLO**

3 cucharadas de hojas de estragón, picadas

2 cucharadas de aceite de oliva extra virgen

2 cucharadas de vinagre de vino tinto

4 piernas con muslos de pollo, con cortes diagonales
Sal y pimienta negra recién molida

**LENTEJAS PUY**

2 cucharadas de aceite de oliva extra virgen + el necesario

para barnizar

1 cebolla pequeña, finamente picada

60 g (2 oz) de pancetta o tocino en trozo, partido en dados pequeños

2 tazas (200 g) de lentejas Puy

3 tazas (750 ml) de caldo de pollo

12 jitomates cereza en rama

2 cucharadas de jugo de limón amarillo recién exprimido
Sal y pimienta negra recién molida

1. Para preparar el pollo, mezcle el estragón, aceite y vinagre en un tazón mediano. Agregue el pollo y mezcle para cubrir. Sazone con sal y pimienta. Cubra y refrigere por lo menos durante 2 horas.

2. Para preparar las lentejas puy, caliente el aceite en una olla mediana sobre fuego medio. Agregue la cebolla y la pancetta; saltee de 3 a 5 minutos, hasta que se dore. Añada las lentejas y el caldo y lleve a ebullición. Disminuya el fuego a bajo y hierva a fuego lento alrededor de 20 minutos, hasta que las lentejas estén suaves.

3. Precaliente una plancha plana sobre un asador para intemperie o interior a fuego medio.

4. Ase el pollo de 7 a 8 minutos de cada lado, con la piel hacia abajo primero, hasta que esté dorado y totalmente cocido.

5. Barnice los jitomates con aceite y ase de 2 a 3 minutos, hasta que estén suaves. Agregue los jitomates y jugo de limón a las lentejas. Mezcle hasta integrar y sazone con sal y pimienta.

6. Sirva el pollo caliente acompañando con las lentejas.

Si a usted le gustó esta receta, también le gustarán:

**piernas de pollo** estilo jamaiquino con arroz y frijoles

146

**piernas de pollo** con miel de abeja, salsa de soya y ajonjolí

150

**pollo con páprika ahumada** y arroz español

154

# piernas de pollo con miel de abeja, salsa de soya y ajonjolí

Sirva estas piernas de pollo dulces acompañadas con arroz o papas y una ensalada verde. También son una maravillosa opción para agregar a un buffet.

Rinde 4-6 porciones

15 minutos

4–12 horas

15–20 minutos

1

| | |
|---|---|
| ¼ | taza (60 ml) de miel de abeja |
| ¼ | taza (60 ml) de salsa de soya |
| 1 | cucharada de aceite de ajonjolí |
| 2 | cucharaditas de jengibre, finamente rallado |
| 2 | dientes de ajo, finamente picados |
| 16 | piernas con muslos de pollo |
| 1 | cucharada de semillas de ajonjolí |
| 3 | cebollitas de cambray, partidas en rebanadas delgadas |

1. Mezcle la miel de abeja, salsa de soya, aceite de ajonjolí, jengibre y ajo en una olla pequeña. Caliente sobre fuego bajo, mezclando hasta integrar, hasta que la miel se haya derretido. Pase a un tazón mediano y deje enfriar.

2. Agregue el pollo a la marinada y mezcle para cubrir. Espolvoree con semillas de ajonjolí. Tape y refrigere por lo menos 4 horas o durante toda la noche.

3. Precaliente un asador para intemperie o interior a fuego medio.

4. Ase el pollo de 4 a 6 minutos de cada lado, hasta que estén suaves y totalmente cocidas.

5. Sirva calientes, espolvoreando con las cebollitas de cambray.

Si a usted le gustó esta receta, también le gustarán:

**pato hoisin** con ensalada de pepino

164

**carne de res** con especias chinas y fideo de arroz grueso

180

**res teriyaki** con aderezo de jengibre y pepino en salmuera

190

# pollo al curry rojo con ensalada de calabaza asada

La pasta de curry roja es un ingrediente clásico en la cocina tai. Hay muchas marcas comerciales de buena calidad en las tiendas especializadas en alimentos asiáticos pero es fácil de preparar en casa.

Rinde 4 porciones

20 minutos

4-12 horas

20 minutos

1

## PASTA DE CURRY ROJO

| | |
|---|---|
| 2 | cucharaditas de semillas de cilantro |
| 1 | cucharadita de semillas de comino |
| 1/2 | cucharadita de granos de pimienta negra |
| 1/2 | cucharadita de sal |
| 1 | cucharadita de páprika picante |
| 2 | chalotes morados, finamente picados |
| 3 | chiles rojos grandes, sin semillas y picados |
| 3 | dientes de ajo, finamente picados |
| 1 | tallo de lemon grass (únicamente la parte blanca), picado |
| 1 | trozo (2.5 cm/1 in) de jengibre, sin piel y toscamente picado |
| 3 | cucharadas de aceite vegetal |
| 4 ó 6 | muslos de pollo con hueso, con cortes diagonales |

## ENSALADA DE CALABAZA ASADA

| | |
|---|---|
| 500 g (1 lb) | de calabaza, sin piel y cortada en rebanadas de 1.5 cm (2/3 in) |
| 1 | cebolla morada grande, toscamente rebanada en rodajas |
| 4 | cucharadas (60 ml) de aceite vegetal |
| 2 | tazas (50 g) de hojas de espinaca pequeña |
| 1 | taza (70 g) de germinado de frijol |
| 3 | cebollitas de cambray, cortadas en bastones de 5 cm (2 in) |
| 3 | cucharadas de leche de coco |
| 2 | cucharadas de jugo de limón amarillo recién exprimido |
| 2 | cucharaditas de salsa de pescado tai |
| 1 | cucharadita de piloncillo (o azúcar de palma sin procesar), finamente rallado o azúcar morena suave |

1. Para preparar la pasta de curry rojo, fría las semillas de cilantro y comino con los granos de pimienta en una sartén pequeña alrededor de un minuto, hasta que aromaticen. Pase a un mortero, molcajete con mano o molino de especias con la sal y la páprika y muela hasta obtener un polvo fino. Agregue los chalotes, chiles, ajo, lemon grass y jengibre y machaque hasta obtener una pasta gruesa. Añada el aceite y mezcle hasta integrar.

2. Pase la pasta de curry a un tazón mediano. Agregue el pollo y cubra, frotándolo dentro de los cortes y por debajo de la piel. Tape y refrigere por lo menos 4 horas o durante toda la noche.

3. Precaliente un asador para intemperie o interior a fuego medio.

4. Para preparar la ensalada de calabaza asada, rocíe la calabaza y la cebolla con aceite. Ase de 4 a 5 minutos de cada lado, hasta que estén suaves y se les hayan marcado las líneas de la parrilla. Coloque la calabaza, cebolla, espinaca, germinado de frijol y cebollitas de cambray en un tazón mediano. Mezcle la leche de coco, jugo de limón, salsa de pescado y piloncillo en un tazón pequeño. Vierta sobre la mezcla de calabaza y mezcle para cubrir.

5. Ase el pollo de 7 a 8 minutos de cada lado, con la piel hacia abajo primero, hasta que esté ligeramente quemado y totalmente cocido.

6. Sirva el pollo caliente acompañando con la ensalada de calabaza.

# pollo con páprika ahumada
## y arroz español

Los pimientos para páprika crecen en muchas partes del mundo pero la mejor páprika ahumada es la de España, en donde los pimientos se secan y ahúman generalmente sobre fogatas hechas con madera de roble.

**POLLO**

- Rinde 4 porciones
- 30 minutos
- 2–12 horas
- 40–50 minutos
- 1

| | |
|---|---|
| 2 | cucharadas de aceite de oliva extra virgen |
| 2 | cucharadas de jugo de limón amarillo recién exprimido |
| 1 | cucharada de páprika ahumada |
| 1 | diente de ajo, finamente picado |
| 1 | pollo (1.5 kg/3 lb), cortado en 8 piezas |
| | Sal y pimienta negra recién molida |
| | Rebanadas de limón amarillo, para acompañar |

**ARROZ ESPAÑOL**

| | |
|---|---|
| 1 | pimiento (capsicum) rojo |
| 1 | pieza de chorizo |
| 1 | cebolla morada grande, cortada en cuñas |
| 2 | jitomates medianos, cortados en cuñas |
| 2 | cucharadas de aceite de oliva extra virgen + el necesario para rociar |
| 1 | chile rojo grande |
| 2 | dientes de ajo, finamente picados |
| 1 $\frac{1}{2}$ | taza (300 g) de arroz de grano corto |
| | Una pizca de hilos de azafrán |
| 2 $\frac{1}{4}$ | tazas (560 ml) de caldo de pollo |
| 3 | cucharadas de perejil fresco, finamente picado |
| | Sal y pimienta negra recién molida |

1. Para preparar el pollo, mezcle el aceite, jugo de limón, páprika y ajo en un tazón mediano. Agregue las piezas de pollo, sazone con sal y pimienta y mezcle para cubrir. Tape y refrigere por lo menos 2 horas o durante toda la noche.

2. Precaliente un asador para intemperie o interior y una plancha plana sobre un asador para intemperie o interior a fuego medio.

3. Para preparar el arroz español, ase el pimiento hasta que la piel se ampolle y queme. Pase a un tazón, cubra con plástico adherente y deje enfriar ligeramente.

4. Ase el chorizo de 3 a 4 minutos, volteando ocasionalmente, hasta que esté ligeramente quemado por todos lados. Rebane el chorizo en rodajas y reserve. Rocíe la cebolla y el jitomate con aceite y ase sobre la plancha plana durante 1 ó 2 minutos de cada lado, hasta que estén suaves y dorados. Ase el chile brevemente, hasta que esté ligeramente dorado.

5. Retire la piel y las semillas del pimiento. Rebane longitudinalmente en tiras.

6. Caliente el aceite en una olla mediana sobre fuego medio. Agregue el ajo y cocine de 2 a 3 minutos, hasta que esté suave. Añada el arroz y el azafrán; mezcle hasta cubrir. Agregue el pimiento, la cebolla, jitomate, chorizo, chile y caldo y lleve a ebullición. Disminuya el fuego a bajo, tape y hierva a fuego lento de 15 a 20 minutos, hasta que el arroz esté suave y todo el líquido se haya absorbido.

7. Mientras tanto, ase el pollo de 5 a 10 minutos de cada lado (dependiendo del tamaño de las piezas), con la piel hacia abajo primero, hasta que esté ligeramente quemado y totalmente cocido.

8. Mezcle el perejil con el arroz y sazone con sal y pimienta.

9. Sirva el pollo caliente acompañando con el arroz y rebanadas de limón.

# pollo cajún con ensalada de aguacate y toronja

El término cajún proviene de la cocina de los inmigrantes de habla francesa en el estado de Luisiana en los Estados Unidos. La tradición cajún todavía perdura en la actualidad, de la cual podemos encontrar muchos platillos.

- Rinde 4 porciones
- 20 minutos
- 4–12 horas
- 14–16 minutos

- 1

### MEZCLA DE ESPECIAS ESTILO CAJUN

| | |
|---|---|
| ¼ | taza (60 ml) de aceite vegetal |
| 3 | cucharadas de jugo de limón amarillo recién exprimido |
| 1 | cucharada de ajo en polvo |
| 1 | cucharada de cebolla en polvo |
| 2 | cucharaditas de páprika dulce |
| 2 | cucharaditas de pimienta de cayena |
| 1 | cucharadita de tomillo seco |
| 1 | cucharadita de orégano seco |
| 1 | cucharadita de comino molido |
| 1 | cucharadita de pimienta blanca |
| 1 | cucharadita de pimienta negra recién molida |
| 4-6 | muslos de pollo, con hueso y con algunos cortes diagonales |

### ENSALADA

| | |
|---|---|
| 2 | aguacates, rebanados longitudinalmente |
| 1 | bulbo de hinojo pequeño, limpio y partido en rebanadas delgadas |
| 2 | tazas (50 g) de berro |
| 1 | toronja roja, sin piel y separada en gajos |
| 1 | limón verde, sin piel y separado en gajos |
| 1 | cucharada de jugo de limón amarillo recién exprimido |
| 1 | cucharadita de mostaza Dijon |
| 2 | cucharadas de aceite de oliva extra virgen |
| | Sal y pimienta negra recién triturada |

1. Para preparar la mezcla de especias cajún, mezcle el aceite, jugo de limón, ajo en polvo, cebolla en polvo, páprika, pimienta de cayena, tomillo, orégano, comino, pimienta blanca y pimienta negra en un tazón mediano. Agregue el pollo y mezcle para cubrir, frotando la mezcla de especias dentro de las rajadas y por debajo de la piel. Cubra y refrigere 4 horas o durante toda la noche.

2. Precaliente una plancha plana sobre un asador para intemperie o interior a fuego medio.

3. Para preparar la ensalada, coloque los aguacate, hinojo, berro, toronja y limón verde en un tazón mediano. Mezcle el jugo de limón amarillo y la mostaza en un tazón pequeño. Integre gradualmente el aceite, batiendo, y sazone con sal y pimienta.

4. Ase el pollo de 7 a 8 minutos de cada lado, con la piel hacia abajo primero, hasta que esté dorado y totalmente cocido.

5. Sirva el pollo caliente acompañando con la ensalada de aguacate y toronja y bañe con el aderezo.

Si a usted le gustó esta receta, también le gustarán:

**pollo a las especias** con ensalada de cebolla y jitomate

132

**pollo piri-piri** con limones asados

134

**piernas de pollo** estilo jamaiquino con arroz y frijoles

146

# pollo za'tar con coliflor a las especias

El za'tar es una mezcla de especias ampliamente usada en las cocinas del Medio Oriente. Existen muchas versiones pero por lo general todas incluyen ajonjolí, sumac, sal y limón amarillo.

Rinde 4 porciones

20 minutos

40–45 minutos

1

## POLLO ZA'TAR

2 cucharadas de semillas de ajonjolí

2 cucharadas de tomillo seco

1 cucharada de orégano seco

1 cucharada de sumac

$\frac{1}{2}$ cucharadita de sal de mar

3 cucharadas de aceite de oliva extra virgen

1 cucharadita de ralladura fina de limón amarillo

4 piernas con muslos de pollo, con algunos cortes diagonales

## COLIFLOR A LAS ESPECIAS

3 jitomates

1 cabeza de coliflor, cortada en floretes medianos

2 cucharadas de aceite de oliva extra virgen

2 dientes de ajo, finamente picados

1 cucharadita de cúrcuma molida

1 cucharadita de páprika

3 cucharadas de cilantro fresco, finamente picado

$\frac{1}{3}$ taza (90 ml) de agua

1 lata (400 g/14 oz) de garbanzo (chickpeas), escurridos y enjuagados

$\frac{1}{2}$ taza (50 g) de aceitunas verdes

1 limón amarillo en conserva, sin pulpa, su piel toscamente picada

Sal y pimienta negra recién molida

1. Para preparar el pollo za'tar, coloque una cucharada de semillas de ajonjolí, el tomillo, orégano, sumac y sal en un procesador de alimentos pequeño, mortero o molcajete con mano y muela hasta obtener un polvo fino. Integre la cucharada restante de semillas de ajonjolí.

2. Mezcle el za'tar, aceite y ralladura de limón en un tazón mediano. Agregue el pollo y mezcle para cubrir.

3. Precaliente una plancha plana sobre un asador para intemperie o interior a fuego medio.

4. Para preparar la coliflor a las especias, ponga a hervir agua en una olla mediana. Marque una cruz en la base de los jitomates y blanquee durante 10 segundos. Retire usando una cuchara ranurada y refresque bajo el chorro de agua fría. Retire la piel, corte transversalmente a la mitad y deseche las semillas. Pique toscamente la carne restante.

5. Blanquee la coliflor en el agua hirviendo durante un minuto. Escurra.

6. Caliente el aceite en una olla grande sobre fuego medio-bajo. Agregue el ajo, cúrcuma y páprika y cocine hasta que estén suaves y aromáticos. Añada los jitomates, cilantro y agua y lleve a ebullición. Disminuya el fuego a bajo y hierva de 8 a 10 minutos, hasta que se reduzca.

7. Agregue la coliflor, garbanzo, aceitunas y limón en conserva. Tape y hierva a fuego lento alrededor de 15 minutos, revolviendo ocasionalmente, hasta que todo el líquido se haya absorbido y la coliflor esté suave. Sazone con sal y pimienta.

8. Ase el pollo de 7 a 8 minutos de cada lado, con la piel hacia abajo primero, hasta que esté dorado y totalmente cocido.

9. Sirva el pollo caliente acompañando con la mezcla de coliflor a las especias.

# pavo con quínoa
## de nuez e higos

La quínoa es un alimento similar a las leguminosas que ha sido cultivado en los Andes durante varios siglos. Se puede cocinar igual que el arroz. La quínoa es libre de gluten y por lo tanto resulta ideal para aquellas personas alérgicas a esta proteína.

| | | | |
|---|---|---|---|
| Rinde 4 porciones | 2 | tazas (500 ml) de agua | |
| 20 minutos | 1 | taza (200 g) de quínoa, enjuagada y escurrida | |
| 5 minutos | ¼ | taza (40 g) de pistaches, toscamente picados | |
| 20 minutos | ¼ | taza (30 g) de nueces de castilla, tostadas y toscamente picadas | |
| 2 | 1 | taza (25 g) de arúgula | |

(rocket), toscamente picada
8 rebanadas de pancetta o tocino
2 ó 3 higos frescos, rebanados
4 filetes de pavo (200 g/7 oz c/u)
Aceite, para barnizar
1 ½ taza de jalea de chile, para acompañar (vea página 24)

1. Coloque el agua y la quínoa en una olla grande sobre fuego alto y lleve a ebullición. Disminuya el fuego a bajo, tape y hierva alrededor de 15 minutos, hasta que todo el líquido se haya absorbido. Pase a un tazón grande y deje enfriar.

2. Una vez fría, agregue los pistaches, nueces de castilla y arúgula y mezcle hasta integrar.

3. Precaliente un asador para intemperie o interior a fuego medio-alto.

4. Coloque dos rebanadas de pancetta, traslapándose ligeramente, sobre una superficie de trabajo limpia y coloque dos rebanadas de higo sobre la superficie. Coloque un filete de pavo en el centro. Envuelva la pancetta alrededor del pavo y asegure con un palillo de madera.

5. Barnice el pavo envuelto con aceite y ase alrededor de 5 minutos de cada lado, hasta que esté dorado y totalmente cocido. Pase a un plato, tape y reserve en un lugar cálido y deje reposar durante 5 minutos.

6. Rebane toscamente el pavo y sirva caliente acompañando con la quínoa y la jalea de chile.

Si a usted le gustó esta receta, también le gustarán:

**pollo al estragón** con lentejas puy

148

**pollo con páprika** ahumada y arroz español

154

**pollo o conejo** asado con ensalada moghrabieh

168

# pato con vinagre de naranja y caramelo

La pechuga de pato con piel tiene una capa de grasa que ayuda a mantener la carne jugosa durante la cocción.

Rinde 4 porciones

30 minutos

1 hora

30–35 minutos

2

## PATO

| | |
|---|---|
| 4 | pechugas de pato con piel |
| 2 | cucharadas de sal de mar |

## VINAGRE DE NARANJA Y CARAMELO

| | |
|---|---|
| 1/4 | taza (50 g) de azúcar |
| 3 | cucharadas de vinagre de vino tinto |
| 1/3 | taza (90 ml) de caldo de pollo |
| 1 | naranja, 4 tiras de ralladura y su jugo |
| 1 | anís estrella |
| 1/2 | raja de canela |
| 1 | chile serrano rojo (maduro), partido longitudinalmente a la mitad y sin semillas |

## ENSALADA DE ACHICORIA

| | |
|---|---|
| 2 | cabezas de achicoria |
| 1 | naranja, sin piel y separada en gajos |
| 1/3 | taza (50 g) de nueces de castilla partidas en mitades, ligeramente tostadas y toscamente picadas |
| 1 | cucharadita de semillas de ajonjolí, ligeramente tostadas |
| 2 | cucharadas de vinagre de vino tinto |
| 1 | cucharadita de mostaza Dijon |
| 3 | cucharadas de aceite de nuez Sal y pimienta negra recién molida |

1. Para preparar el pato, marque la piel de las pechugas de pato a intervalos de 5 mm (1/4 in) con ayuda de un cuchillo para formar un diseño a cuadros. Frote sal sobre la piel. Pase a un plato, acomodándolo con el lado de la piel hacia arriba y refrigere, sin tapar, durante una hora.

2. Lave el pato para retirar la sal y seque con toallas de papel.

3. Precaliente una plancha plana en un asador para intemperie o interior a fuego medio-bajo.

4. Para preparar el vinagre de naranja y caramelo, coloque el azúcar y vinagre en una olla pequeña y cocine sobre fuego medio-bajo, mezclando ocasionalmente, hasta que el azúcar se haya disuelto. Hierva a fuego lento alrededor de 10 minutos, hasta que el azúcar empiece a convertirse en una miel ligera. Agregue los ingredientes restantes, mezcle hasta integrar por completo y hierva a fuego lento alrededor de 10 minutos, hasta que tenga la consistencia de una miel. Cuele

a través de un colador de malla fina, regrese a la olla y mantenga caliente.

5. Ase el pato alrededor de 8 minutos, con la piel hacia abajo primero, hasta que esté dorado y crujiente. Voltee y ase durante 4 ó 5 minutos, hasta que esté cocido al término deseado. Pase a un plato, tape y reserve en un lugar cálido durante 5 minutos.

6. Para preparar la ensalada de achicoria, retire y deseche las hojas exteriores de la achicoria. Trocee toscamente las hojas restantes y coloque en un tazón mediano. Agregue la naranja, nueces y semillas de ajonjolí. Mezcle el vinagre y la mostaza en un tazón pequeño. Integre gradualmente el aceite, batiendo, y sazone con sal y pimienta. Vierta sobre la ensalada y mezcle para cubrir.

7. Rebane toscamente el pato. Sirva caliente acompañando con la vinagreta de naranja y caramelo y la ensalada de achicoria.

# pato hoisin con ensalada de pepino

El polvo chino de 5 especias debe su nombre a que incluye especias que representan los cinco sabores: dulce, ácido, amargo, picoso y salado. Existen muchas versiones diferentes pero la mayoría de ellas contienen anís estrella, clavo de olor, canela e hinojo.

Rinde 4 porciones

20 minutos

1 hora

15–20 minutos

1

## PATO

| | |
|---|---|
| 4 | pechugas de pato con piel |
| 2 | cucharadas de sal de mar |
| 2 | cucharaditas de polvo chino de cinco especias |

## ENSALADA DE PEPINO

| | |
|---|---|
| 1 | pepino continental |
| 2 | tallos de apio |
| 4 | cebollitas de cambray, partidas en rebanadas delgadas |
| 2 | tazas (50 g) de lechuga rizada |
| 3/4 | taza de hojas de cilantro |
| 1/2 | taza (35 g) de germinado de frijol |

| | |
|---|---|
| 2 | cucharadas de jugo de limón amarillo recién exprimido |
| 1 | cucharada de aceite de oliva extra virgen |
| 1 | cucharadita de aceite de ajonjolí |

## SALSA HOISIN

| | |
|---|---|
| 3/4 | taza (180 ml) de salsa hoisin |
| 2 | cucharadas de salsa de soya |
| 2 | cucharaditas de aceite de ajonjolí |
| 1 | diente de ajo, finamente picado |
| 1 | cucharadita de jengibre, finamente rallado |

1. Para preparar el pato, marque la piel de las pechugas a intervalos de 5 mm (1/4 in) con ayuda de un cuchillo para formar un diseño a cuadros. Frote sal sobre la piel. Pase a un plato, acomodándolo con la piel hacia arriba y refrigere, sin tapar, durante una hora.

2. Para preparar la ensalada de pepino, corte el pepino longitudinalmente a la mitad y usando una cuchara retire las semillas. Corte transversalmente en tercios y rebane en tiras delgadas. Corte el apio y las cebollitas de cambray para dejar de un tamaño similar. Coloque el pepino, apio, cebollitas de cambray, lechuga, cilantro y germinado de frijol en un tazón mediano. Bata el jugo de limón, aceite de oliva y aceite de ajonjolí en un tazón pequeño. Vierta sobre la ensalada y mezcle hasta integrar.

3. Enjuague el pato para retirar la sal y seque con toallas de papel.

4. Precaliente una plancha plana en un asador para intemperie o interior a fuego medio-bajo.

5. Espolvoree la mezcla china de cinco especias sobre el pato y ase alrededor de 8 minutos, con la piel hacia abajo primero, hasta que esté dorado y crujiente. Voltee las pechugas y ase durante 4 ó 5 minutos más, hasta que estén cocidas al término deseado. Pase a un plato, cubra y reserve en un lugar cálido y deje reposar durante 5 minutos.

6. Para preparar la salsa hoisin, mezcle la salsa hoisin, salsa de soya, ajo y jengibre en un tazón mediano.

7. Rebane toscamente el pato y sirva caliente acompañando con salsa hoisin y ensalada de pepino.

# codorniz con salsa
## de almendra y granada roja

Las codornices son unas aves pequeñas que pertenecen a la misma familia que los pichones. Sustituya por gallinitas de guinea si no las encuentra.

Rinde 4 porciones

30 minutos

4–12 horas

15–20 minutos

2

**CODORNICES**

4 codornices
2 cucharadas de hojuelas de almendra, ligeramente tostadas

**MARINADA DE ESPECIAS**

2 cucharadas de jugo de limón amarillo recién exprimido
2 cucharadas de aceite de oliva extra virgen
1 diente de ajo, finamente picado
$\frac{1}{2}$ cucharadita de canela molida
$\frac{1}{2}$ cucharadita de comino molido
$\frac{1}{2}$ cucharadita de sal

$\frac{1}{4}$ cucharadita de cardamomo molido
$\frac{1}{4}$ cucharadita de pimienta negra recién molida

**SALSA DE GRANADA ROJA**

$\frac{3}{4}$ taza (180 ml) de jugo de granada roja
$\frac{1}{4}$ taza (60 ml) de caldo de pollo
2 cucharadas de miel de abeja
2 cucharadas de harina de almendra (almendras finamente molidas)
1 cucharada de miel de granada roja
1/4 raja de canela

1. Para preparar las codornices, corte de arriba hacia abajo a ambos lados de la columna vertebral con ayuda de un cuchillo pequeño y filoso o tijeras de cocina y deseche. Aplane las codornices sobre una tabla para picar con el lado cortado hacia abajo.

2. Para preparar la marinada de especias, mezcle todos los ingredientes en un tazón mediano. Agregue las codornices y mezcle para cubrir. Tape y refrigere por lo menos 4 horas o durante toda la noche.

3. Precaliente un asador para intemperie o interior a fuego medio-alto.

4. Para preparar la salsa de granada roja, coloque todos los ingredientes en una olla pequeña y lleve a ebullición. Disminuya el fuego y hierva a fuego lento alrededor de 10 minutos, hasta que tenga la consistencia de una miel.

5. Ase las codornices de 3 a 4 minutos, con la piel hacia abajo primero, hasta que se doren; voltee y ase por el otro lado durante 2 ó 3 minutos, hasta que estén cocidas al término deseado.

6. Sirva las codornices calientes acompañando con la salsa y espolvoreando con almendras.

Si a usted le gustó esta receta, también le gustarán:

**pollo cajún** con ensalada de aguacate y toronja
156

**pavo** con quinoa de nuez e higos
160

**pato** con vinagre de naranja y caramelo
162

# pollo o conejo asado
## con ensalada moghrabieh

El moghrabieh, también conocido como cuscús libanés o israelí, se puede comprar en las tiendas especializadas en alimentos del Medio Oriente. Tradicionalmente esta receta se prepara con piernas de conejo, pero también se pueden usar piernas de pollo (piernas y muslos).

Rinde 4 porciones

15 minutos

2–12 horas

30–40 minutos

1

### CONEJO

4   piernas de conejo (piernas traseras)

3   cucharadas de aceite de oliva extra virgen

2   cucharadas de sumac

### ENSALADA MOGHRABIEH

1   taza (100 g) de moghrabieh (cuscús gigante)

$\frac{1}{4}$   taza (60 ml) de aceite de nuez

1   cucharada de jugo de limón amarillo recién exprimido

250 g (8 oz) de jitomates cereza, partidos a la mitad

$\frac{1}{2}$   taza (60 g) de nueces de castilla, toscamente picadas

$\frac{1}{4}$   taza (45 g) de grosellas

$\frac{1}{4}$   taza de hojas de menta, toscamente picadas

$\frac{1}{4}$   taza de perejil de hoja plana, toscamente picado

1   cebolla morada pequeña, partida en dados pequeños

Sal y pimienta negra recién molida

1. Mezcle el conejo, aceite y sumac en un tazón mediano hasta cubrir. Tape y refrigere 2 horas por lo menos o durante toda la noche.

2. Precaliente un asador para intemperie o interior a fuego medio-alto.

3. Ponga a hervir agua en una olla mediana. Agregue el moghrabieh y cocine de 20 a 25 minutos, hasta que esté suave. Escurra y pase a un tazón mediano.

4. Mientras está aún caliente, rocíe con el aceite y jugo de limón y mezcle para cubrir. Agregue los jitomates, nueces, grosellas, menta, perejil y cebolla morada; mezcle hasta integrar. Sazone con sal y pimienta.

5. Ase las piernas de conejo de 10 a 12 minutos de cada lado, hasta que estén totalmente cocidas.

6. Sirva acompañando con la ensalada moghrabieh.

Si a usted le gustó esta receta, también le gustarán:

**pollo marroquí** con limón y aceitunas

136

**pollo al cilantro** y coco con arroz aromático

142

**pavo con quinoa** de nuez e higos

160

Carne de
Ternera
y Res

# hamburguesa de carne de res y
## tocino con jalea de cebolla

Le sugerimos que use nuestras recetas para preparar la Jalea de Cebolla Caramelizada (vea página 26) y la Salsa Barbecue Ahumada (vea página 56), pero si no tiene tiempo suficiente puede comprar ambas salsas en el supermercado.

Rinde 4 porciones

20 minutos

1 hora

4–5 minutos

1

**HAMBURGUESAS**

500 g (1 lb) de carne de res molida (finamente picada)

½ cebolla mediana, finamente picada

½ taza (30 g) de migas frescas de pan

2 dientes de ajo, finamente picados

1 cucharada de páprika dulce molida

½ cucharadita de sal

½ cucharadita de pimienta negra recién molida

**RELLENO**

1 cucharada de aceite de oliva extra virgen

4 rebanadas de queso cheddar

4 rebanadas de tocino, partidas a la mitad

4 bollos para hamburguesa con ajonjolí, partidos transversalmente a la mitad

1 ½ taza (75 g) de hortalizas verdes para ensalada

4 pepinillos en salmuera, rebanados

½ taza (120 g) de jalea de cebolla caramelizada (vea página 26)

½ taza (120 g) de salsa barbecue ahumada (vea página 56)

2 cucharadas de mostaza fuerte

1. Para preparar las hamburguesas, mezcle la carne de res, cebolla, migas de pan, ajo, páprika, sal y pimienta en un procesador de alimentos y procese sólo hasta integrar. Pase a un tazón mediano y forme cuatro hamburguesas del mismo tamaño. Coloque sobre un plato y refrigere durante una hora.

2. Precaliente una plancha plana sobre un asador para intemperie o interior a fuego medio-alto.

3. Para preparar el relleno, rocíe el aceite sobre una plancha plana y ase las hamburguesas alrededor de 3 minutos de cada lado, hasta que estén cocidas al término deseado. Coloque una rebanada de queso sobre cada hamburguesa durante el último minuto de cocción para que se derrita ligeramente. Ase el tocino durante 2 minutos, hasta dorar.

4. Ase ligeramente los bollos.

5. Para armar, cubra las bases de los bollos con ensalada, posteriormente con las hamburguesas y el queso y tocino. Cubra con pepinillos en salmuera, jalea de cebolla, salsa barbecue y mostaza. Cubra con las tapas y sirva calientes.

Si a usted le gustó esta receta, también le gustarán:

hamburguesas tropicales de pollo

114

sándwiches de filete de res con chutney de betabel a las especias

174

hamburguesas de cordero estilo griego

216

# sándwiches de filete de res con chutney de betabel a las especias

Sirva este sustancioso sándwich de filete para los aficionados al deporte mientras ven su juego favorito en la televisión.

Rinde 4 porciones

15 minutos

5 minutos

7–12 minutos

1

| | |
|---|---|
| 2 | cucharadas de aceite de oliva extra virgen |
| 2 | cebollas medianas, rebanadas |
| 4 | filetes de res delgados (150 g/5 oz c/u) |
| 1 | cucharadita de hojuelas de chile rojo |
| | Sal y pimienta negra recién molida |
| 4 | piezas pequeñas de pan turco o bollos cuadrados, cortados |

| | |
|---|---|
| | transversalmente a la mitad |
| ½ | taza (120 g) de chutney de betabel a las especias (vea página 20) |
| 1 ½ | taza (40 g) de hojas de arúgula (rocket) |
| ½ | taza (120 g) de mayonesa comprada o hecha en casa (vea página 58) |

1. Precaliente un asador para intemperie o interior a fuego alto y una plancha plana sobre un asador para intemperie o interior a fuego medio-alto.

2. Rocíe una cucharada de aceite sobre la plancha plana y cocine las cebollas de 5 a 10 minutos, hasta que estén doradas y reserve.

3. Mientras tanto, golpee los filetes usando la parte plana de un mazo para carnicero hasta que queden aproximadamente de 1 cm (1/2 in) de grueso. Barnice los filetes con la cucharada restante de aceite y sazone con las hojuelas de chile rojo, sal y pimienta.

4. Ase los filetes en el asador durante 1 ó 2 minutos de cada lado, hasta que estén cocidos al término deseado. Pase a un plato, cubra y reserve en un lugar cálido durante 5 minutos.

5. Ase ligeramente los panes turcos o bollos.

6. Para armar, coloque un poco de chutney de betabel a las especias sobre las bases de los bollos, cubra con los filetes, cebolla y arúgula. Extienda la mayonesa sobre las tapas y coloque sobre el relleno. Sirva caliente.

Si a usted le gustó esta receta, también le gustarán:

**hamburguesa de carne de res** y tocino con jalea de cebolla

172

**hamburguesas de cordero** picantes de merguez

214

**hamburguesas de puerco** con salvia y pancetta

218

# fajitas con frijoles refritos y
## salsa mexicana

Tradicionalmente la palabra "fajita" en español significa un filete de falda cocida al estilo cocina TexMex. Gradualmente su significado se ha extendido y actualmente se refiere a todo tipo de carne asada que se sirva envuelta con tortillas de harina o maíz.

Rinde 4 porciones

15 minutos

10–15 minutos

1

### FAJITAS

**600 g (1 ¼ lb) de falda de res**

**2 ó 3 cucharadas de aceite de oliva extra virgen**

**Sal y pimienta negra recién molida**

**8** tortillas de harina

**¾** taza (90 g) de queso chihuahua, toscamente rallado

**1** aguacate, rebanado

**½** taza (125 g) de crema ácida

**2** tazas (200 g) de salsa mexicana de frijoles blancos y granos de elote (vea página 48)

### FRIJOLES REFRITOS

**1** cucharada de aceite de oliva extra virgen

**1** cebolla blanca pequeña, finamente picada

**1** rebanada de tocino, finamente picado

**1** diente de ajo, finamente picado

**1** lata (400 g/14 oz) de frijoles bayos, escurridos y enjuagados

**¼** taza (60 ml) de agua

Sal y pimienta negra recién molida

1. Precaliente un asador para intemperie o interior a fuego alto.

2. Para preparar el filete, barnícelo con una cucharada de aceite y sazone con sal y pimienta. Ase de 4 a 5 minutos de cada lado, hasta que esté cocido al término deseado. Pase a un plato, tape y reserve en un lugar cálido durante 5 minutos.

3. Para preparar los frijoles refritos, caliente el aceite en una sartén mediana sobre fuego medio. Agregue la cebolla, tocino y ajo y saltee de 3 a 4 minutos, hasta que la cebolla esté suave y el tocino dorado. Añada los frijoles y machaque con ayuda

de un tenedor. Agregue el agua y cocine de 3 a 5 minutos, revolviendo ocasionalmente, hasta obtener una pasta espesa. Sazone con sal y pimienta.

4. Barnice las tortillas con el aceite restante y ase ligeramente. Rebane el filete en tiras delgadas.

5. Para armar las fajitas, extienda una capa de frijoles refritos en el centro de cada tortilla. Cubra con queso, filete, aguacate, crema ácida y salsa. Enrolle y sirva calientes.

Si a usted le gustó esta receta, también le gustarán:

**fajitas de pollo** con pimiento

**wraps de cordero** estilo libanés

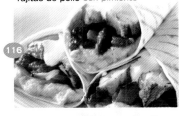

116

212

# ensalada de carne de res sellada
## estilo asiático

El kecap manis es una salsa de soya dulce de Indonesia. Es mucho más espesa que la salsa de soya común. Búsquela en las tiendas especializadas en alimentos asiáticos. El fideo vermicelli de frijol de soya, también conocido como fideo celofán, se puede conseguir fácilmente en las tiendas o supermercados especializados en alimentos asiáticos.

Rinde 4 porciones

25 minutos

10 minutos

8 minutos

1

### CARNE DE RES

500 g (1 lb) de lomo de res (filete)

1 cucharada de aceite de cacahuate

125 g (4 oz) de fideo vermicelli de frijol de soya

1 pepino, partido longitudinalmente a la mitad y diagonalmente en rebanadas delgadas

250 g (8 oz) de jitomates cereza, partidos a la mitad

1 taza (30 g) de germinado de frijol mung

4 cebollitas de cambray, partidas en rebanadas delgadas

$^{1}/_{4}$ taza de hojas de menta fresca

$^{1}/_{4}$ taza de hojas de cilantro fresco

$^{1}/_{4}$ taza de hojas de albahaca fresca

$^{1}/_{4}$ taza (40 g) de cacahuates asados, toscamente picados

### ADEREZO

3 cucharadas de jugo de limón amarillo recién exprimido

3 cucharadas de salsa de pescado tai

2 cucharadas de kecap manis

2 cucharadas de salsa de soya

1 cucharada de aceite de ajonjolí

1 cucharada de piloncillo (o azúcar de palma sin procesar), toscamente rallado o azúcar morena clara

2 chiles rojos grandes, sin semillas y partidos en rebanadas delgadas

2 dientes de ajo, finamente picados

2 cucharaditas de jengibre, finamente rallado

1. Precaliente una plancha plana sobre un asador para intemperie o interior a fuego alto.

2. Barnice la carne de res con el aceite de cacahuate y ase alrededor de 8 minutos, volteando ocasionalmente, hasta sellar por todos lados y que quede término rojo en el interior. Pase a un plato y deje reposar durante 10 minutos para que se enfríe.

3. Coloque el fideo en un tazón mediano y cubra con agua hirviendo. Reserve durante 10

minutos para que se suavice. Escurra.

4. Coloque el fideo, pepino, jitomate, germinado de frijol, cebollitas de cambray y hierbas en un tazón mediano.

5. Rebane finamente la carne de res e integre con la ensalada.

6. Para preparar el aderezo, coloque todos los ingredientes en un tazón pequeño y mezcle hasta integrar. Vierta sobre la ensalada y mezcle nuevamente para integrar. Sirva caliente espolvoreando con los cacahuates.

Si a usted le gustó esta receta, también le gustarán:

**pollo asado** con ensalada César

130

**carne de res** con especias chinas y fideo de arroz grueso

180

**cordero sumac** con ensalada fattoush

222

# carne de res con especias chinas y fideo de arroz grueso

El fideo de arroz grueso se puede encontrar en las tiendas especializadas en alimentos tai y productos asiáticos frescos. Algunas veces se vende empaquetado al vacío. Sustitúyalo por fideo udon o cualquier otro fideo grueso si no lo encuentra.

Rinde 4-6 porciones

30 minutos

2-12 horas

10–15 minutos

2

**MARINADA CHINA DE ESPECIAS**

$\frac{1}{2}$   taza (125 ml) de salsa de soya oscura

$\frac{1}{4}$   taza (60 ml) de vinagre de vino de arroz chino

2   dientes de ajo, finamente picados

2   cucharaditas de jengibre, finamente rallado

2   cucharaditas de mezcla china de cinco especias

1   cucharadita de azúcar

**CARNE DE RES**

600 g (1 $\frac{1}{4}$ lb) de lomo de carne de res (filete)

30 g (1 oz/alrededor de 8 piezas) de hongos shiitake secos

500 g (1 lb) de fideo de arroz grueso fresco

2   cucharaditas de aceite de ajonjolí

8   cebollitas de cambray, cortadas en bastones de 5 cm (2 in)

**CHALOTES FRITOS**

1   taza (250 ml) de aceite vegetal

4   chalotes morados pequeños, rebanados en rodajas delgadas

1. Para preparar la marinada china de especias, mezcle todos los ingredientes en una olla pequeña sobre fuego alto y lleve a ebullición. Disminuya el fuego a bajo y hierva durante 2 minutos. Deje enfriar.

2. Para preparar la carne de res, rebánela en cuatro porciones del mismo tamaño. Coloque en un tazón mediano, vierta la marinada sobre la superficie y mezcle para cubrir. Tape y refrigere por lo menos 2 horas o durante toda la noche.

3. Precaliente una plancha plana sobre un asador para intemperie o interior a fuego alto.

4. Coloque los hongos en un tazón pequeño, cubra con agua fría y deje remojar alrededor de 10 minutos, hasta que estén suaves.

5. Coloque el fideo en un tazón mediano, cubra con agua hirviendo y deje reposar alrededor de 5 minutos, hasta que esté suave.

6. Para preparar los chalotes fritos, caliente el aceite en una olla pequeña sobre fuego medio-alto. Agregue los chalotes y fría durante 2 ó 3 minutos, hasta que estén dorados y crujientes. Retire con ayuda de una cuchara ranurada y escurra sobre toallas de papel.

7. Escurra la carne de res, reservando la marinada. Ase de 3 a 5 minutos de cada lado, hasta que esté cocida al término deseado. Pase a un plato, tape y deje reposar en un lugar cálido durante 5 minutos.

8. Escurra el fideo y los hongos. Rebane finamente los hongos. Caliente el aceite de ajonjolí en una sartén o wok grande sobre fuego medio. Agregue los hongos y las cebollitas de cambray y saltee alrededor de 2 minutos, hasta que estén suaves y dorados. Integre la marinada reservada y lleve a ebullición. Agregue el fideo y mezcle para cubrir.

9. Rebane la carne en tiras delgadas. Sirva el fideo caliente cubierto con la carne y espolvoreado con los chalotes fritos.

# schnitzel de ternera incrustada con gremolata

El schnitzel es un platillo austriaco preparado con carne de ternera cubierta con pan molido. Por lo general se fríe en una sartén pero nosotros hemos cubierto la carne con una mezcla aromática de migas de pan y la hemos asado en la parrilla para convertirla en un platillo más ligero.

Rinde 4 porciones

20 minutos

4-5 minutos

1

## SCHNITZEL DE TERNERA

4 filetes de pierna de ternera (125 g/4 oz c/u)

1 ½ taza (100 g) de migas frescas de pan

3 cucharadas de perejil fresco, finamente picado

3 cucharadas de queso parmesano recién rallado

2 cucharaditas de ralladura fina de limón amarillo

4 filetes de anchoa, finamente picados

½ taza (75 g) de harina de trigo (simple)

Sal y pimienta negra recién molida

1 huevo grande

2 cucharadas de leche

3 cucharadas de mantequilla, derretida

2 cucharadas de aceite de oliva extra virgen

3 tazas de salsa de jitomate y pimiento asado (vea página 42)

Rebanadas de limón amarillo, para acompañar

## ENSALADA

3 tazas (150 g) de hortalizas verdes para ensalada

½ cebolla morada pequeña, partida en rebanadas delgadas

¼ taza (25 g) de aceitunas verdes, rebanadas

1 cucharadita de mostaza Dijon

2 cucharadas de vinagre de vino tinto

3 cucharadas de aceite de oliva extra virgen

Sal y pimienta negra recién molida

1. Precaliente una plancha plana sobre un asador para intemperie o interior a fuego medio-bajo.

2. Para preparar el schnitzel de ternera, coloque los filetes de ternera entre dos hojas de papel encerado y aplane hasta dejar de 5 mm (1/4 in) de grueso usando la parte plana de un mazo para carnicero.

3. Mezcle las migas de pan, perejil, queso parmesano, ralladura de limón y anchoas en un tazón mediano. Coloque la harina en otro tazón mediano y sazone con sal y pimienta. Bata el huevo y la leche en otro tazón mediano.

4 Pase los filetes, uno a la vez, por la harina, luego por el huevo y por último cubra con las migas de pan, presionando suavemente para que se le adhieran.

5. Para preparar la ensalada, coloque las hortalizas para ensalada, cebolla y aceitunas en un tazón mediano. Mezcle la mostaza y el vinagre en un tazón pequeño. Integre gradualmente el aceite, batiendo, y sazone con sal y pimienta. Vierta sobre la ensalada y mezcle para cubrir.

6. Para cocinar la carne, mezcle la mantequilla y el aceite en un tazón pequeño. Rocíe un poco de la mezcla de mantequilla sobre la plancha y ase los schnitzels alrededor de 2 minutos de cada lado, hasta que estén ligeramente dorados y crujientes, rociando con más mantequilla si fuera necesario.

7. Sirva calientes acompañando con la ensalada, salsa y rebanadas de limón.

# ternera asada con salsa de atún

Ésta es una manera rápida y sencilla para imitar los sabores de un platillo tradicional italiano llamado vitello tonnato.

- Rinde 4 porciones
- 20 minutos
- 1 hora
- 3–6 minutos
- 1

### ESCALOPAS

| | |
|---|---|
| 6 | cucharadas (90 ml) de aceite de oliva extra virgen |
| 3 | cucharadas de jugo de limón amarillo recién exprimido |
| 1 | cucharada de hojas de tomillo limón |
| 750 g (1 ½ lb) de escalopas de ternera | |
| | Sal y pimienta negra recién molida |
| 2 | cucharadas de alcaparras, enjuagadas |

### SALSA DE ATÚN

| | |
|---|---|
| 2 | yemas de huevo grandes |
| 2 | cucharadas de vinagre de vino tinto |
| 1 | cucharada de mostaza Dijon |
| 4 | filetes de anchoa, finamente picados |
| 1 | diente de ajo, finamente picado |
| ¾ | taza (180 ml) de aceite de oliva extra virgen |
| 1 | lata (180 g/6 oz) de atún en agua, escurrido |
| 2 | cucharadas de agua |

1. Para preparar las escalopas, mezcle 4 cucharadas (60 ml) de aceite, el jugo de limón y el tomillo en un tazón mediano. Agregue la ternera, sazone con sal y pimienta y mezcle para cubrir. Tape y refrigere durante una hora.

2. Precaliente un asador para intemperie o interior a fuego alto.

3. Para preparar la salsa de atún, mezcle las yemas de huevo, vinagre, mostaza, anchoas y ajo en un procesador de alimentos. Agregue gradualmente el aceite, procesando hasta obtener una mezcla espesa. Añada el atún y agua; procese hasta obtener una salsa tersa.

4. Caliente las 2 cucharadas restantes de aceite en una sartén pequeña sobre fuego medio-alto. Agregue las alcaparras y saltee durante 1 ó 2 minutos, hasta que esté crujiente. Pase a toallas de papel y deje escurrir.

5. Ase la ternera durante 1 ó 2 minutos de cada lado, hasta que esté cocida al término deseado.

6. Sirva caliente acompañando con la salsa de atún y espolvoreando con alcaparras fritas.

Si a usted le gustó esta receta, también le gustarán:

**hamburguesas** de atún niçoise

64

**schnitzel de ternera** incrustada con gremolata

182

**mar** y tierra

198

# brochetas de res satay estilo indonesio

La carne de res combina muy bien con la salsa de cacahuate como se puede comprobar en este platillo indonesio. Agregue más o menos chile a sus platillos de acuerdo al gusto personal.

○ Rinde 4 porciones

○ 30 minutos

○ 1 hora

○ 15–20 minutos

○ 1

## MARINADA

| | |
|---|---|
| 1 | cucharada de semillas de cilantro |
| 2 | cucharaditas de semillas de comino |
| 1 | cucharadita de granos de pimienta negra |
| 1 | cebolla pequeña, toscamente picada |
| 1 | chile rojo (jalapeño maduro) pequeño, sin semillas y finamente picado |
| 2 | dientes de ajo, finamente picados |
| 1 | cucharadita de jengibre, finamente rallado |
| 1 | cucharadita de cúrcuma molida |
| 1 | cucharadita de sal |
| 1 | cucharadita de azúcar |
| 2 | cucharadas de aceite de cacahuate |
| 2 | cucharadas de salsa de soya |
| 2 | cucharadas de jugo de limón amarillo recién exprimido |

600 g (1 ¼ lb) de churrasco de res, rebanado en tiras de 2 cm (¾ in) de grueso

## SALSA SATAY

| | |
|---|---|
| 1 | cucharada de aceite de cacahuate |
| 2 | chalotes morados, finamente picados |
| 4 | dientes de ajo, finamente picados |
| 2 | chiles serranos rojos, sin semillas y finamente picados |
| 1 | cucharada de jengibre, finamente rallado |
| 1 | cucharadita de páprika dulce |
| 1 | taza (250 g) de crema de cacahuate con trocitos |
| 1 | lata (400 g/14 oz) de crema de coco |
| 3 | cucharadas de piloncillo (azúcar de palma sin procesar), toscamente rallado o azúcar morena clara |
| ¼ | taza (60 ml) de jugo de limón amarillo recién exprimido |
| 2 | cucharadas de salsa de pescado tai |
| 1 | cucharada de salsa de soya |

1. Para preparar la marinada, saltee las semillas de cilantro y comino con los granos de pimienta en una sartén pequeña sobre fuego medio-bajo alrededor de un minuto, hasta que aromaticen. Pase a un mortero, molcajete con mano o molino de especias y muela hasta obtener un polvo fino.

2. Mezcle las especias en polvo con la cebolla, chile, ajo, jengibre, cúrcuma, sal y azúcar en un mortero, molcajete con mano o procesador de alimentos y muela hasta obtener una pasta gruesa. Agregue gradualmente el aceite de cacahuate, salsa de soya y jugo de limón, revolviendo hasta obtener una mezcla tersa.

3. Ensarte la carne de res en brochetas. Barnice con la marinada, tape y refrigere durante una hora.

4. Para preparar la salsa satay, caliente el aceite en una olla mediana sobre fuego medio-bajo. Agregue los chalotes, ajo, chiles y jengibre; saltee de 3 a 4 minutos, hasta que estén suaves. Integre la páprika, crema de cacahuate, crema de coco y piloncillo y lleve a ebullición. Disminuya el fuego a bajo, integre el jugo de limón, salsa de pescado y salsa de soya; hierva suavemente alrededor de 10 minutos, hasta que espese. Mantenga caliente.

5. Precaliente un asador para intemperie o interior a fuego medio-alto.

6. Ase las brochetas de 1 a 2 minutos de cada lado, hasta que estén cocidas al término deseado.

7. Sirva calientes acompañando con la salsa satay.

# brochetas de res con frijol negro

Los frijoles negros fermentados, también conocidos como *douchi*, son una especialidad de la cocina china y se preparan salando y fermentando frijoles de soya. Tienen un fuerte sabor a especias. Cómprelos en las tiendas especializadas en alimentos asiáticos.

Rinde 4 porciones

15 minutos

4–12 horas

5–6 minutos

1

### MARINADA DE FRIJOL NEGRO

2 cucharadas de salsa de soya oscura

2 cucharadas de vino de arroz chino

2 cucharadas de frijoles negros fermentados

1 cucharada de aceite de cacahuate

2 dientes de ajo, finamente picados

1 cucharadita de jengibre, finamente rallado

$\frac{1}{2}$ chile serrano pequeño, sin semillas y finamente picado

### BROCHETAS

600 g (1 $\frac{1}{4}$ lb) de cuadril de res, cortado en cubos de 2.5 cm (1 in)

8 cebollitas de cambray, cortadas en bastones de 4 cm (1 $\frac{1}{2}$ in)

1 pimiento (capsicum) verde, sin semillas y cortado en dados de 4 cm (1 $\frac{1}{2}$ in)

Arroz al vapor, para acompañar

1. Para preparar la marinada de frijol, mezcle todos los ingredientes de la marinada en un tazón mediano.

2. Agregue la carne de res a la marinada y mezcle para cubrir. Tape y refrigere por lo menos 4 horas o durante toda la noche.

3. Ensarte en las brochetas la carne, cebollitas de cambray y pimientos en forma alterna.

4. Precaliente un asador para intemperie o interior a fuego medio-alto.

5. Ase las brochetas de 5 a 6 minutos, volteando ocasionalmente, hasta que estén cocidas al término deseado.

6. Sirva calientes acompañadas de arroz al vapor.

Si a usted le gustó esta receta, también le gustarán:

**pollo** yakatori

124

**brochetas de res** satay estilo indonesio

186

**brochetas** de puerco tikka

234

# res teriyaki con aderezo de jengibre y pepino en salmuera

Si no puede encontrar mizuna ni tatsoi (lechugas asiáticas), sustituya por cualquier lechuga de hoja pequeña. El mirin es un vino de arroz dulce usado en la cocina japonesa. Lo puede encontrar en las tiendas especializadas en alimentos asiáticos.

Rinde 4 porciones

20 minutos

5 minutos

10–15 minutos

1

### GLASEADO TERIYAKI

| | |
|---|---|
| ½ | taza (125 ml) de salsa de soya |
| ⅓ | taza (90 ml) de mirin |
| ¼ | taza (60 ml) de sake |
| 1 | cucharada de azúcar |
| 2 | dientes de ajo, finamente picados |
| 2 | cucharaditas de jengibre, finamente rallado |

### CARNE DE RES Y ENSALADA

| | |
|---|---|
| 600 g | (1 ¼ lb) de lomo de res (filete) |
| 1 ½ | taza (40 g) de mizuna (lechuga asiática) |
| 1 ½ | taza (40 g) de tatsoi (lechuga asiática) |
| 1 ½ | taza (40 g) de berro |
| 4 | tazas de salsa de jengibre y pepino en salmuera (vea página 50) |

1. Para preparar el glaseado teriyaki, mezcle la salsa de soya, mirin y sake en una olla pequeña sobre fuego medio y lleve a ebullición. Disminuya el fuego a bajo, agregue el azúcar, ajo y jengibre y hierva a fuego lento de 5 a 10 minutos, hasta obtener una mezcla brillante y ligeramente espesa. Cuele a través de un colador de malla fina y deje enfriar.

2. Precaliente una plancha plana sobre un asador para intemperie o interior a fuego alto.

3. Para preparar la carne de res, barnice con la mitad del glaseado y ase alrededor de 10 minutos, volteando y barnizando,

hasta cocer al término deseado. Pase a un plato, tape y deje reposar en un lugar cálido durante 5 minutos.

4. Coloque la mizuna, tatsoi y berro en un tazón mediano. Agregue la salsa de jengibre en salmuera y mezcle hasta integrar.

5. Coloque el glaseado restante en una olla pequeña y lleve a ebullición. Vierta el glaseado sobre la carne.

6. Rebane la carne y sirva caliente acompañando con la ensalada de jengibre y pepino en salmuera.

Si a usted le gustó esta receta, también le gustarán:

**pato hoisin** con ensalada de pepino

164

**sirloin a la parrilla** con salsa chimichurri

208

**pancita de puerco** con manzana y ensalada de hinojo

254

# lomo de res con rösti y crema horseradish

El rösti es un platillo suizo hecho de papas toscamente ralladas, sazonado algunas veces con cebolla, tocino, queso o hierbas frescas. El rösti empanizado y caliente originalmente se servía como desayuno pero actualmente se sirve como tentempié o guarnición.

Rinde 4 porciones

30 minutos

15–25 minutos

2

**CREMA HORSERADISH**

| | |
|---|---|
| 1/2 | taza (125 g) de crème fraîche o crema ácida |
| 4 | cucharadas de horseradish, finamente rallado |
| 1 | cucharada de mostaza Dijon |
| 1 | cucharada de vinagre de vino tinto |
| 1/2 | taza (125 ml) de crema baja en grasa |
| | Sal y pimienta blanca recién molida |

**RÖSTI**

| | |
|---|---|
| 2 | papas grandes, sin piel |
| 1/2 | cebolla pequeña, partida en rebanadas delgadas |
| 1 | huevo grande, ligeramente batido |
| 2 | cucharadas de harina de trigo (simple) |
| | Sal y pimienta negra recién molida |
| 2 | cucharadas de aceite de oliva extra virgen |
| 1/4 | taza (60 g) de mantequilla, derretida |

**FILETES**

| | |
|---|---|
| 4 | filetes de res (180 g/6 oz c/u) |
| 2 | cucharadas de aceite de oliva extra virgen, para barnizar |
| | Sal y pimienta negra recién molida |

**ESPINACA**

| | |
|---|---|
| 2 | cucharadas (30 g) de mantequilla |
| | 350 g (12 oz) de espinaca |
| | Jugo de 1/2 limón amarillo |
| | Sal y pimienta negra recién molida |

1. Precaliente un asador para intemperie o interior a fuego alto y una plancha plana sobre un asador para intemperie o interior a fuego medio-alto.

2. Para preparar la crema de horseradish, mezcle la crème fraîche con el horseradish, mostaza y vinagre en un tazón pequeño. Bata la mezcla hasta que se formen picos firmes. Integre la crema baja en grasa con la mezcla de horseradish y sazone con sal y pimienta.

3. Para preparar los rösti, ralle toscamente las papas. Exprima el exceso de humedad usando una toalla de cocina limpia. Mezcle las papas, cebolla, huevo y harina en un tazón mediano. Sazone con sal y pimienta y reserve. Mezcle el aceite y la mantequilla en un tazón pequeño y reserve.

4. Para preparar los filetes, barnícelos con el aceite y sazone con sal y pimienta. Ase de 3 a 5 minutos de cada lado, hasta que estén cocidos al término deseado.

Pase a un plato, tape y deje reposar en un lugar cálido durante 5 minutos.

5. Para cocinar los rösti, rocíe la mitad de la mezcla de mantequilla sobre la plancha plana. Usando una cuchara haga cuatro montículos de papa del mismo tamaño y aplane de manera que queden ligeramente más grandes que los filetes de res. Rocíe con la mezcla de mantequilla restante y cocine de 3 a 4 minutos de cada lado, hasta que estén dorados y crujientes. Mantenga calientes.

6. Para preparar la espinaca, derrita la mantequilla en la plancha plana, agregue la espinaca y rocíe con el jugo de limón. Cocine durante 1 ó 2 minutos, volteando a menudo, hasta que se marchite. Sazone con sal y pimienta.

7. Para servir, coloque un rösti en el centro de un plato, cubra con un filete de res, espinaca y una cucharada de crema de horseradish. Repita la operación para armar los demás.

# filete con hongos asados y granos de pimienta verde

El filete de res con salsa de granos de pimienta verde es un platillo clásico.

Rinde 4 porciones

20 minutos

15–20 minutos

1

### SALSA DE GRANOS DE PIMIENTA VERDE

| | |
|---|---|
| ¼ | taza (60 g) de mantequilla |
| 2 | chalotes morados pequeños, finamente picados |
| 1 | diente de ajo pequeño, finamente picado |
| 2 | cucharadas de brandy |
| 2 | cucharadas de granos de pimienta verde en salmuera, enjuagados |
| ½ | taza (125 ml) de crema baja en grasa |
| 3 | cucharadas de crème fraîche o ácida |
| | Sal |

### FILETE Y HONGOS

| | |
|---|---|
| 4 | filetes de sirloin de res o cuadril (180 g/6 oz c/u) |
| 3 | cucharadas de aceite de oliva extra virgen |
| | Sal y pimienta negra recién molida |
| 4 | hongos planos grandes |
| 1 | cucharada de hojas de tomillo |

1. Precaliente un asador para intemperie o interior a fuego alto.

2. Para preparar la salsa de granos de pimienta verde, derrita la mantequilla en una sartén pequeña sobre fuego medio-bajo. Agregue los chalotes y el ajo y saltee de 3 a 4 minutos, hasta que estén claros y suaves.

3. Agregue el brandy y lleve a ebullición. Disminuya el fuego a bajo, agregue los granos de pimienta y la crema; hierva a fuego lento alrededor de 5 minutos, hasta que espese lo suficiente para cubrir el revés de una cuchara. Integre la crème fraîche y sazone con sal. Reserve.

4. Para preparar el filete, barnice con una cucharada de aceite y sazone con sal y pimienta. Ase de 3 a 5 minutos de cada lado, hasta que esté cocido al término deseado. Pase a un plato, tape y reserve en un lugar cálido durante 5 minutos.

5. Rocíe los hongos con las 2 cucharadas restantes de aceite, espolvoree con tomillo y sazone con sal y pimienta. Ase de 2 a 3 minutos de cada lado, hasta que estén suaves.

6. Vierta el jugo del filete sobre la salsa de pimienta verde. Sirva el filete caliente acompañando con los hongos y la salsa.

Si a usted le gustó esta receta, también le gustarán:

**t-bones con papas fritas** cortadas a mano y huevos estrellados

200

**filetes de rib-eye** con jitomates asados y salsa bearnesa

202

**sirloin de res** con salsa chimichurri y papas asadas

206

# carne de res marinada estilo coreano con ensalada de espinaca

El *gochujang* o pasta coreana de chile, es de color rojo oscuro y tiene un fuerte sabor. Se prepara con chile rojo en polvo, arroz glutinoso, frijoles de soya fermentados y sal. Se puede conseguir en las tiendas especializadas en alimentos asiáticos. Si no la encuentra, sustituya por alguna otra pasta asiática de chile.

Rinde 4 porciones

15 minutos

2–12 horas

5-10 minutos

1

**MARINADA**

| | |
|---|---|
| 4 | cebollitas de cambray, únicamente las partes blancas, finamente picadas |
| ½ | taza (125 ml) de salsa de soya |
| 3 | cucharadas de vino de arroz |
| 2 | cucharadas de gochujang (chile coreano en pasta) |
| 1 | cucharada de aceite vegetal |
| 1 | cucharada de azúcar morena clara |
| 2 | dientes de ajo, finamente picados |
| 2 | cucharaditas de jengibre, finamente rallado |
| 2 | cucharaditas de aceite de ajonjolí |

750 g (1 ½ lb) de sirloin de res
Arroz al vapor, para acompañar

**ENSALADA DE ESPINACA**

350 g (12 oz) de hojas de espinaca pequeña

125 g (4 oz) de daikon (rábano asiático), sin piel y rebanado en trozos del tamaño de un cerillo

1 cucharada de semillas de ajonjolí, ligeramente tostadas

1 cucharada de salsa de soya light

2 cucharaditas de aceite de ajonjolí

1. Para preparar la marinada, mezcle todos los ingredientes de la marinada en un tazón grande.

2. Rebane la carne en ocho filetes del mismo tamaño. Agregue a la marinada y mezcle para cubrir. Tape y refrigere por lo menos 2 horas o durante toda la noche.

3. Para preparar la ensalada de espinaca, cocine ligeramente la espinaca al vapor de 2 a 3 minutos, sólo hasta que esté suave. Mezcle la espinaca, daikon, semillas de ajonjolí, salsa de soya y

aceite de ajonjolí en un tazón mediano y mezcle para cubrir. Reserve.

4. Precaliente un asador para intemperie o interior a fuego alto.

5. Ase la carne de 1 a 3 minutos de cada lado, hasta sellarla pero que aún esté cruda en el interior.

6. Sirva la carne caliente acompañando con el arroz al vapor y la ensalada de espinaca.

Si a usted le gustó esta receta, también le gustarán:

**carne de res** con especias chinas y fideo de arroz grueso
180

**brochetas de res** con frijol negro
188

**res teriyaki** con aderezo de jengibre y pepino en salmuera
190

# mar y tierra

La receta para la mantequilla de estragón rendirá más de la que usted necesita para esta receta. Almacénela en el refrigerador hasta por 3 días o congélela para uso posterior.

Rinde 4 porciones

20 minutos

1 hora

8–10 minutos

1

**MANTEQUILLA DE ESTRAGÓN**

2   cucharaditas de aceite de oliva extra virgen

2   chalotes morados, finamente picados

1   taza (250 g) de mantequilla, a temperatura ambiente

2   cucharadas de hojas de estragón fresco, finamente picado

**FILETES**

4   medallones (filete) de res (180 g/6 oz c/u)

12   camarones (langostinos), sin piel ni cabezas y con sus colas

3   cucharadas de aceite de oliva extra virgen

  Sal y pimienta negra recién molida

1. Para preparar la mantequilla de estragón, caliente el aceite en una sartén pequeña sobre fuego bajo. Agregue el chalote y saltee durante 3 ó 4 minutos, hasta que esté suave. Pase a un tazón pequeño y deje enfriar.

2. Coloque los chalotes, mantequilla y estragón en un tazón mediano y bata con ayuda de una cuchara de madera hasta integrar. Coloque un trozo de papel encerado de 30 cm (12 in) sobre una superficie de trabajo. Usando una cuchara coloque la mantequilla sobre el papel y enrolle para formar un rollo de 20 cm (8 in) de largo. Gire las puntas del papel y asegure usando cordel de cocina o cinta adhesiva. Refrigere alrededor de una hora, hasta que esté firme.

3. Precaliente una plancha plana sobre un asador para intemperie o interior a fuego alto.

4. Barnice los filetes y los camarones con el aceite y sazone con sal y pimienta.

5. Ase los filetes de 3 a 4 minutos de cada lado, hasta que estén cocidos al término deseado. Pase a un plato, tape y reserve en un lugar cálido durante 5 minutos.

6. Mientras los filetes están reposando, ase los camarones alrededor de un minuto de cada lado, hasta que estén dorados y ligeramente rizados.

7. Para servir, corte cuatro rebanadas de mantequilla de estragón de 1 cm (1/2 in) de grueso y coloque una rebanada sobre la superficie de cada filete; cubra con los camarones. Sirva caliente.

Si a usted le gustó esta receta, también le gustarán:

**hamburguesas** de atún niçoise

64

**ternera asada** con salsa de atún

184

# t-bones con papas fritas cortadas a mano y huevos estrellados

Junto con los filetes porterhouse, los t-bones son considerados entre los mejores filetes que usted puede comprar. En esta receta los servimos acompañados de papas a la francesa hechas en casa y huevos estrellados, ¡una combinación clásica!

Rinde 4 porciones

15 minutos

15–25 minutos

2

1 kg (2 lb) de papas grandes sin piel, cortadas en tiras

6 cucharadas (60 ml) de aceite de oliva extra virgen
Sal y pimienta negra recién molida

4 filetes T-Bone (350 g/12 oz c/u)

1 cucharada de romero fresco, finamente picado

4 huevos grandes

1 taza (250 ml) de salsa barbecue ahumada comprada o hecha en casa, para acompañar (vea página 56)

1. Precaliente un asador para intemperie o interior a fuego alto y una plancha plana sobre un asador para intemperie o interior a fuego medio-alto.

2. Coloque las papas en una olla grande, cubra con agua fría y lleve a ebullición. Cocine de 3 a 4 minutos, sólo hasta que estén suaves. Escurra y extienda sobre una toalla de cocina para que se sequen. Pase a un plato, rocíe con 4 cucharadas (60 ml) de aceite, sazone con sal y pimienta y mezcle para cubrir.

3. Barnice los filetes con las 2 cucharadas restantes de aceite, espolvoree con romero y sazone con sal y pimienta. Ase

de 3 a 4 minutos de cada lado, hasta que estén cocidos al término deseado. Pase a un plato, cubra y deje reposar en un lugar cálido durante 5 minutos.

4. Ase las papas en la plancha plana alrededor de 5 minutos, volteándolas frecuentemente, hasta que estén doradas y crujientes.

5. Rompa los huevos sobre la plancha y ase de 2 a 3 minutos, hasta que estén cocidos al término deseado.

6. Sirva el filete acompañado con papas, huevo estrellado y salsa barbecue.

Si a usted le gustó esta receta, también le gustarán:

**filete con hongos asados** y granos de pimienta verde

194

**filetes de rib-eye** con jitomates asados y salsa bearnesa

202

**sirloin a la parrilla** con salsa chimichurri

208

# filetes de rib-eye con jitomates asados y salsa bearnesa

La salsa bearnesa es una famosa salsa francesa muy parecida a la salsa holandesa. Se sazona con estragón y combina maravillosamente con filete y pescado.

Rinde 4 porciones

30 minutos

15–20 minutos

2

**SALSA BEARNESA**

½ taza (125 ml) de vinagre blanco

1 chalote morado, finamente picado

2 granos de pimienta negra

4 yemas de huevo grandes

1 taza (250 g) de mantequilla, derretida

2 cucharadas de jugo de limón amarillo recién exprimido

1 ½ cucharada de hojas de estragón fresco, finamente picado

Sal y pimienta negra recién molida

**FILETE Y JITOMATES**

4 filetes de rib-eye (200 g/7 oz c/u)

3 cucharadas de aceite de oliva extra virgen

Sal y pimienta negra recién molida

4 jitomates guaje, partidos longitudinalmente a la mitad

1 cucharada de orégano seco

1. Para preparar la salsa bearnesa, coloque el vinagre, chalote y granos de pimienta en una olla pequeña y hierva a fuego lento hasta que el líquido se haya reducido a 2 cucharadas.

2. Bata la reducción de vinagre con las yemas de huevo en un tazón refractario. Coloque el tazón sobre una olla con agua hirviendo sobre fuego lento y continúe batiendo hasta que se espese y esponje. Retire el tazón del fuego y agregue gradualmente la mantequilla derretida en hilo lento y continuo, batiendo constantemente, hasta que espese. Si parece que la salsa se está cortando, agregue un chorrito de agua caliente para unirla una vez más.

3. Integre el jugo de limón y el estragón, sazone con sal y pimienta. Tape y reserve en un lugar cálido.

4. Precaliente un asador para intemperie o interior a fuego alto.

5. Para preparar los filetes, barnícelos con 2 cucharadas de aceite y sazone con sal y pimienta.

6. Rocíe la cucharada restante de aceite sobre los jitomates y espolvoree con el orégano.

7. Ase los filetes alrededor de 5 minutos de cada lado, hasta que estén cocidos al término deseado. Pase a un plato, tape y reserve en un lugar cálido durante 5 minutos.

8. Ase los jitomates alrededor de 3 minutos de cada lado, hasta que estén ligeramente suaves y dorados.

9. Sirva los filetes de rib-eye calientes acompañando con los jitomates a la plancha y una cucharada grande de salsa bearnesa.

# costillas de res en salsa barbecue

Las costillitas de res, también conocidas como costillitas (o thin ribs en el Reino Unido), son más grandes, más carnosas y más suaves que las chuletas de puerco. Son ideales para asar a la parrilla.

Rinde 4 porciones

15 minutos

4-12 horas

20-25 minutos

1

**MARINADA**

2 cucharadas de vinagre de vino blanco

½ taza (125 ml) de salsa cátsup comprada o salsa de jitomate hecha en casa (vea página 54)

¼ taza (60 ml) de salsa de soya

2 cucharadas de miel de abeja

2 cucharaditas de jengibre, finamente rallado

2 dientes de ajo, finamente picados

1.5 kg (3 lb) de costillas de res

1. Para preparar la marinada, mezcle todos los ingredientes en un tazón grande. Agregue las costillas de res y mezcle para cubrir. Tape y refrigere por lo menos 4 horas o durante toda la noche.

2. Precaliente una plancha plana sobre un asador para intemperie o interior a fuego medio-alto.

3. Ase las costillas de 4 a 5 minutos de cada lado, barnizando ocasionalmente.

4. Disminuya el fuego a bajo y ase de 7 a 8 minutos de cada lado, hasta que estén totalmente cocidas. Continúe barnizando las costillas durante toda la cocción para asegurarse de que queden jugosas y sabrosas. Sirva calientes.

Si a usted le gustó esta receta, también le gustarán:

**pancita de puerco** asada estilo chino

256

**costillas de puerco** con ciruela sazonada

258

# sirloin de res con salsa chimichurri y papas asadas

La salsa chimichurri es una salsa clásica originaria de Argentina y Uruguay. Se prepara al mezclar perejil, ajo y chiles finamente picados con aceite de oliva y vinagre.

Rinde 4 porciones

120 minutos

5 minutos

20 minutos

1

**FILETES**

4 papas medianas, con piel

4 filetes de sirloin (200 g/7 oz c/u)

2 cucharadas de aceite de oliva extra virgen

Sal y pimienta negra recién molida

Crema ácida, para acompañar

**SALSA CHIMICHURRI**

1 taza (50 g) de perejil fresco, finamente picado

1/2 taza (25 g) de cilantro fresco, finamente picado

1 cebolla blanca pequeña, finamente picada

2 dientes de ajo, finamente picados

1 chile jalapeño, finamente picado

1/2 taza (125 ml) de aceite de oliva extra virgen

1/3 taza (90 ml) de vinagre de vino tinto

1. Precaliente un asador para intemperie o interior a fuego alto y una plancha plana sobre un asador para intemperie o interior a fuego medio-alto.

2. Cocine las papas al vapor alrededor de 10 minutos, hasta que estén ligeramente suaves. Escurra y deje enfriar ligeramente.

3. Para preparar la salsa chimichurri, mezcle el perejil, cilantro, cebolla, ajo y chile jalapeño en un tazón mediano. Integre 1/4 taza (60 ml) de aceite y el vinagre. Sazone con sal y pimienta.

4. Barnice los filetes con 2 cucharadas de aceite y sazone con sal y pimienta. Ase

de 3 a 4 minutos de cada lado, hasta que estén cocidos al término deseado. Pase a un plato, tape y deje reposar en un lugar cálido durante 5 minutos.

5. Rebane las papas en tiras de 1 cm (1/2 in) de grueso. Barnice con las 2 cucharadas restantes de aceite. Sazone con sal y pimienta. Ase en la plancha plana de 1 a 2 minutos de cada lado, hasta que estén doradas y crujientes.

6. Sirva los filetes calientes acompañando con la salsa chimichurri, papas y crema ácida.

Si a usted le gustó esta receta, también le gustarán:

**filete con hongos asados** y granos de pimienta verde

194

**carne de res marinada** estilo coreano con ensalada de espinaca

196

**sirloin a la parrilla** con salsa chimichurri

208

# sirloin a la parrilla con salsa chimichurri

El sirloin de res sin hueso es un excelente corte de filete para asar a la parrilla. Para preparar esta receta solicite a su carnicero que le corte un trozo grande de filete y rebánelo hasta después de haberlo asado a la parrilla.

Rinde 8-10 porciones

15 minutos

6–12 horas

45 minutos

1

### SALSA CHIMICHURRI

2   chiles serranos rojos largos, sin semillas y picados

8   dientes de ajo, sin piel

2   tazas (100 g) de perejil fresco, únicamente las hojas

2   cucharaditas de orégano fresco

1   cucharadita de sal

1/4   taza (60 ml) de jugo de limón amarillo recién exprimido o vinagre de vino tinto

1/2   taza (125 ml) de aceite de oliva extra virgen

### SIRLOIN

1   trozo (1.5 kg/4 lb) de sirloin de res sin hueso, (peso después de retirar el hueso)
    Sal y pimienta negra recién molida

1. Para preparar la salsa chimichurri, mezcle los chiles, ajo, perejil, orégano, sal y jugo de limón en un procesador de alimentos y pique hasta obtener una mezcla casi tersa. Deje un poco de textura en la salsa. Integre el aceite, batiendo. Cubra el tazón con plástico adherente y coloque en el refrigerador de 6 a 12 horas para que se infundan los sabores.

2. Precaliente un asador a fuego medio.

3. Sazone el sirloin de res por todos lados con sal y pimienta. Coloque sobre la plancha, con la parte gruesa hacia abajo, y selle de 4 a 6 minutos, hasta que se dore. Voltee la carne y continúe cocinando de 20 a 25 minutos.

4. Voltee el sirloin una vez más y cocine durante 20 minutos más (para término medio) o hasta que el sirloin esté asado al término deseado. Deje reposar durante 10 minutos y corte en rebanadas gruesas.

5. Acomode rebanadas de la carne asada sobre platos de servicio y usando una cuchara, cubra con salsa chimichurri. Sirva caliente.

Si a usted le gustó esta receta, también le gustarán:

**sirloin de res** con salsa chimichurri y papas asadas

206

**filetes de cordero** a las especias baharat con pilaf de arroz

268

**cordero** con salsa verde y ensalada

270

Carne de
Puerco y
Cordero

# wraps de cordero estilo libanés

Descubra los sabores del Medio Oriente con estos picosos wraps de cordero y tabule.

Rinde 4-6 porciones

30 minutos

4-12 horas

4-6 minutos

1

### UNTO DE ESPECIAS ZA'TAR

| | |
|---|---|
| 2 | cucharadas de semillas de ajonjolí |
| 2 | cucharadas de tomillo seco |
| 1 | cucharada de orégano seco |
| 1 | cucharada de sumac |
| $\frac{1}{2}$ | cucharadita de sal de mar |
| 3 | cucharadas de aceite de oliva extra virgen |

600 g (1 $\frac{1}{4}$ lb) de filetes de pierna de cordero

| | |
|---|---|
| 8 | tortillas de harina |
| 2 | cucharadas de aceite de oliva extra virgen |
| 2 | tazas de baba ganoush de berenjena ahumada (vea página 32) |

1 $\frac{1}{2}$ taza (75 g) de hojas de espinaca pequeña

### TABULE

| | |
|---|---|
| $\frac{1}{2}$ | taza (100 g) de bulgur (trigo suave) |
| 2 | jitomates medianos, partidos en dados |
| 1 | taza (50 g) de perejil de hoja plana fresco, toscamente picado |
| $\frac{1}{2}$ | taza (25 g) de hojas de menta fresca, toscamente picadas |
| 3 | cucharadas de jugo de limón amarillo recién exprimido |
| 2 | dientes de ajo, finamente picados |
| 2 | cucharadas de aceite de oliva extra virgen |
| | Sal y pimienta negra recién molida |

1. Para preparar el unto de especias za'tar, mezcle una cucharada de las semillas de ajonjolí con el tomillo, orégano, sumac y sal en un mortero, molcajete con mano o molino de especias y muela hasta obtener un polvo fino. Agregue las semillas restantes de ajonjolí y el aceite; mezcle hasta integrar.

2. Pase el unto za'tar a un tazón mediano. Agregue los filetes y mezcle para cubrir. Tape y refrigere por lo menos 4 horas o durante toda la noche.

3. Precaliente un asador para intemperie o interior a fuego alto.

4. Para preparar el tabule, coloque el bulgur en un tazón mediano y cubra con 2/3 taza (150 ml) de agua. Deje reposar alrededor de 20 minutos, hasta que se esponje y suavice. Escurra y exprima el exceso de humedad con una toalla de cocina limpia.

5. Mezcle el bulgur, jitomate, perejil y menta en un tazón mediano. Mezcle el jugo de limón con el ajo en un tazón pequeño. Integre gradualmente el aceite y sazone con sal y pimienta. Vierta sobre el bulgur y mezcle hasta integrar. Sazone con sal y pimienta.

6. Ase el cordero durante 2 ó 3 minutos de cada lado, hasta que esté cocido al término deseado. Coloque sobre un plato, tape y deje reposar en un lugar cálido durante 5 minutos.

7. Barnice las tortillas con el aceite y ase ligeramente. Rebane el cordero en tiras delgadas.

8. Para armar, extienda una capa de baba ganoush en el centro de cada tortilla. Cubra con espinaca, tabule y cordero. Doble las tortillas y envuelva para cubrir el relleno. Sirva calientes.

# hamburguesas de cordero
## picantes de merguez

Las merguez son unas salchichas frescas de carne de res o cordero sazonado muy populares en las cocinas de África del Norte. Estas hamburguesas tienen el mismo sabor que esas salchichas.

Rinde 4 porciones

20 minutos

1 hora

8–10 minutos

1

**HAMBURGUESAS**

1 cebolla morada pequeña, toscamente picada

2 dientes de ajo, toscamente picados

2 chiles rojos grandes, sin semillas y toscamente picados

2 cucharadas de cilantro fresco, finamente picado

600 g (1 $\frac{1}{4}$ lb) de carne de cordero molida

$\frac{1}{2}$ taza (30 g) de migas de pan fresco

1 huevo grande, ligeramente batido

1 cucharadita de comino molido

1 cucharadita de semillas de cilantro, molidas

1 cucharadita de sal

$\frac{1}{2}$ cucharadita de canela molida

$\frac{1}{4}$ cucharadita de pimienta negra recién molida

**PARA ACOMPAÑAR**

2 cucharadas de aceite de oliva extra virgen

4 bollos para hamburguesa con harina en la superficie, partidos transversalmente a la mitad

1 $\frac{1}{2}$ taza (75 g) de lechuga escarola

1 cebolla morada pequeña, partida en rodajas delgadas

1 $\frac{1}{2}$ taza de salsa de jitomate y pimiento asado (vea página 42)

1. Para preparar las hamburguesas, coloque la cebolla, ajo, chiles y cilantro en un procesador de alimentos. Muela hasta obtener una pasta gruesa. Agregue el cordero, migas de pan, huevo, comino, semillas de cilantro, sal, canela y pimienta y muela sólo hasta integrar.

2. Pase la mezcla a un tazón mediano y haga cuatro hamburguesas del mismo tamaño. Coloque sobre un plato, tape y refrigere durante una hora.

3. Precaliente una plancha plana sobre un

asador para intemperie o interior a fuego medio-alto.

4. Rocíe el aceite sobre la plancha plana y ase las hamburguesas de 3 a 4 minutos de cada lado, hasta que estén cocidas al término deseado.

5. Ase ligeramente los bollos.

6. Para armar, cubra las bases de los bollos con lechuga y cebolla. Añada las hamburguesas y una cucharada grande de salsa. Cubra con las tapas y sirva calientes.

Si a usted le gustó esta receta, también le gustarán:

hamburguesa de carne de res y tocino con jalea de cebolla

172

hamburguesas de cordero estilo griego

216

hamburguesas de puerco con salvia y pancetta

218

# hamburguesas de cordero
## estilo griego

Estas hamburguesas preparadas con cordero, limón amarillo, queso feta, aceitunas y salsa tzatziki, tienen todos los sabores básicos de la cocina griega.

Rinde 4 porciones

20 minutos

1 hora

8–10 minutos

1

### HAMBURGUESAS

**600 g (1 $\frac{1}{4}$ lb) de carne de cordero** molida (finamente picada)

$\frac{1}{2}$ taza (30 g) de migas de pan fresco

1 huevo grande, ligeramente batido

2 dientes de ajo, finamente picados

1 cucharada de orégano fresco, finamente picado

1 cucharada de menta fresca, finamente picada

2 cucharaditas de romero fresco, finamente picado

$\frac{1}{2}$ cucharadita de sal

$\frac{1}{4}$ cucharadita de pimienta negra recién molida

$\frac{1}{3}$ taza (80 g) de queso feta griego, toscamente picado

$\frac{1}{2}$ taza (50 g) de aceitunas Kalamata, sin hueso y finamente picadas

### ENSALADA

1 lechuga orejona pequeña, en trozos

2 jitomates medianos, partidos en dados pequeños

$\frac{1}{2}$ cebolla morada pequeña, partida a la mitad y finamente rebanada

1 cucharadita de mostaza sin semillas

1 cucharada de jugo de limón amarillo recién exprimido

2 cucharadas de aceite de oliva extra virgen

Sal y pimienta negra recién molida

### PARA COCINAR Y SERVIR

2 cucharadas de aceite de oliva extra virgen

4 bollos para hamburguesa, partidos transversalmente a la mitad

1 taza (250 g) de salsa tzatziki (vea página 34), para acompañar

1. Para preparar las hamburguesas, coloque el cordero, migas de pan, huevo, ajo, orégano, menta, romero, sal y pimienta en un procesador de alimentos y muela sólo hasta integrar.

2. Pase la mezcla a un tazón mediano, agregue el queso feta y las aceitunas y mezcle hasta integrar. Haga cuatro hamburguesas del mismo tamaño. Coloque sobre un plato, tape y refrigere durante una hora.

3. Precaliente una plancha plana sobre un asador para intemperie o interior a fuego medio-alto.

4. Para preparar la ensalada, coloque la lechuga, jitomates y cebolla en un tazón

mediano. Mezcle la mostaza y jugo de limón en un tazón pequeño. Integre gradualmente el aceite y sazone con sal y pimienta. Vierta sobre la ensalada y mezcle para cubrir.

5. Rocíe el aceite sobre la plancha plana y ase las hamburguesas de 3 a 4 minutos de cada lado, hasta que estén cocidas al término deseado.

6. Ase ligeramente los bollos.

7. Para armar, cubra las bases de los bollos con ensalada, seguida de las hamburguesas y una cucharada de salsa tzatziki. Cubra con las tapas y sirva calientes.

# hamburguesas de puerco con salvia y pancetta

Ésta es una hamburguesa muy sabrosa que encantará a su familia y amigos. Acompañe con tarros de cerveza muy fría.

- Rinde 4 porciones
- 20 minutos
- 1 hora
- 8–10 minutos
- 1

**HAMBURGUESAS**

| | |
|---|---|
| 600 g (1 ¼ lb) de carne de puerco molida (finamente picada) | |
| 1 | cebolla grande, finamente picada |
| ½ | taza (30 g) de migas de pan fresco |
| 6 | rebanadas de pancetta o tocino, picadas |
| 1 | huevo grande, ligeramente batido |
| 2 | dientes de ajo, finamente picados |
| 2 | cucharadas de salvia fresca, finamente picada |
| 1 | cucharadita de sal |
| ½ | cucharadita de pimienta negra recién molida |

**PARA COCINAR Y SERVIR**

| | |
|---|---|
| 2 | cucharadas de aceite de oliva extra virgen |
| 2 | cebollas medianas, finamente rebanadas |
| 4 | bollos para hamburguesa con harina en la superficie, partidos transversalmente a la mitad |
| ½ | taza (120 g) de chutney de tomate y manzana (vea página 18) |
| 1 | taza (25 g) de hojas pequeñas de betabel |
| ½ | taza (120 g) de mayonesa comprada o hecha en casa (vea página 58) |

1. Para preparar las hamburguesas, coloque el puerco, cebolla, migas de pan, pancetta, huevo, ajo, salvia, sal y pimienta en un procesador de alimentos y muela sólo hasta integrar. Pase la mezcla a un tazón mediano y haga cuatro hamburguesas del mismo tamaño. Coloque sobre un plato y refrigere durante una hora.

2. Precaliente un asador para intemperie o interior y una plancha plana sobre un asador para intemperie o interior a fuego medio.

3. Barnice las hamburguesas con una cucharada de aceite y ase alrededor de 4 minutos de cada lado, hasta que estén totalmente cocidas. Al mismo tiempo, rocíe la cucharada restante de aceite sobre la plancha plana y cocine la cebolla alrededor de 5 minutos, volteando frecuentemente, hasta que se dore.

4. Ase ligeramente los bollos.

5. Para armar, cubra las bases de los bollos con cebolla, seguida por las hamburguesas, una cucharada de chutney y hojas de betabel. Unte las tapas con mayonesa y tape. Sirva calientes.

Si a usted le gustó esta receta, también le gustarán:

**hamburguesas de cordero** picantes de merguez

214

**hamburguesas de cordero** estilo griego

216

**hamburguesas de puerco** con cilantro y chile

220

# hamburguesas de puerco con cilantro y chile

La ensalada de zanahoria combina maravillosamente con los sabores del puerco y el cilantro de esta hamburguesa. Las zanahorias son una excelente fuente de beta-carotenos y vitamina A.

Rinde 4 porciones

20 minutos

1 hora

8–10 minutos

1

**HAMBURGUESAS**

600 g (1 $\frac{1}{4}$ lb) de carne de puerco molida (finamente picada)

1 cebolla grande, finamente picada

$\frac{1}{2}$ taza (30 g) de migas de pan fresco

1 huevo grande, ligeramente batido

2 chiles verdes grandes, sin semillas y finamente picados

2 dientes de ajo, finamente picados

1 cucharadita de jengibre, finamente rallado

1 cucharadita de ralladura fina de limón verde

2 cucharadas de cilantro fresco, finamente picado

1 cucharadita de sal

$\frac{1}{2}$ cucharadita de pimienta negra recién molida

**ENSALADA DE ZANAHORIA**

1 taza de zanahoria, finamente rallada

$\frac{1}{2}$ cebolla morada pequeña, finamente rebanada

$\frac{1}{2}$ taza de hojas de cilantro

2 cucharadas de jugo de limón verde recién exprimido

2 cucharaditas de aceite de cacahuate

1 cucharadita de salsa de pescado tai

**PARA COCINAR Y SERVIR**

2 cucharadas de aceite de oliva extra virgen

4 bollos para hamburguesa con ajonjolí, partidos transversalmente a la mitad

1 $\frac{1}{2}$ taza (75 g) de lechuga romana, desmenuzada

$\frac{1}{2}$ taza (120 g) de mayonesa comprada o hecha en casa (vea página 58)

$\frac{1}{2}$ taza (120 g) de salsa de chile dulce comprada o hecha en casa (vea página 52)

1. Para preparar las hamburguesas, mezcle el puerco, cebolla, migas de pan, huevo, chiles, ajo, jengibre, ralladura de limón, cilantro, sal y pimienta en un procesador de alimentos y muela sólo hasta integrar. Pase la mezcla a un tazón grande y haga cuatro hamburguesas del mismo tamaño. Coloque sobre un plato y refrigere durante una hora.

2. Precaliente una plancha plana sobre un asador para intemperie o interior a fuego medio.

3. Para preparar la ensalada de zanahoria, coloque la zanahoria, cebolla y cilantro en un tazón mediano. Mezcle el jugo de limón con el aceite de cacahuate y la salsa de pescado en un tazón pequeño. Vierta sobre la ensalada y mezcle para cubrir.

4. Rocíe el aceite sobre la plancha plana y cocine las hamburguesas de 4 a 5 minutos de cada lado, hasta que estén totalmente cocidas.

5. Ase ligeramente los bollos.

6. Para armar, cubra las bases de los bollos con lechuga, seguida por las hamburguesas y la ensalada de zanahoria. Unte las tapas con mayonesa y salsa de chile y coloque sobre la superficie. Sirva calientes.

# cordero sumac
## con ensalada fattoush

El sumac es una especia muy usada en las cocinas de Grecia y del Medio Oriente. De color rojo oscuro o morado, tiene un sabor ácido y fuerte. Puede comprarlo en las tiendas y mercados especializados en alimentos del Medio Oriente.

Rinde 4 porciones

30 minutos

4–12 horas

4–6 minutos

1

### CORDERO

| | |
|---|---|
| 3 | cucharadas de aceite de oliva extra virgen |
| 1 | cucharada de sumac |
| 1 | diente de ajo, finamente picado |
| 4 | filetes de lomo de cordero (180 g/6 oz c/u) |
| | Sal y pimienta negra recién molida |

### ENSALADA

| | |
|---|---|
| 2 | lechugas romanas pequeñas, troceadas |
| 2 | jitomates medianos, partidos en dados |
| 1 | pepino, sin piel, partido longitudinalmente a la mitad, sin semillas y rebanado |
| 4 | rábanos pequeños, finamente rebanados |
| 4 | cebollitas de cambray, finamente rebanadas |

| | |
|---|---|
| $\frac{1}{2}$ | taza (25 g) de perejil fresco, toscamente picado |
| 3 | cucharadas de menta fresca, toscamente picada |
| 1 | pan árabe grande, cortado transversalmente a la mitad |
| 2 | cucharadas de aceite de oliva extra virgen, para barnizar |
| 1 | cucharadita de sumac |

### ADEREZO

| | |
|---|---|
| 2 | cucharadas de jugo de limón amarillo recién exprimido |
| 2 | cucharaditas de sumac |
| 1 | diente de ajo, finamente picado |
| $\frac{1}{4}$ | taza (60 ml) de aceite de oliva extra virgen |
| | Sal y pimienta negra recién molida |

1. Para preparar el cordero, mezcle el aceite, sumac y ajo en un tazón mediano. Agregue el cordero, sazone con sal y pimienta y mezcle para cubrir. Tape y refrigere por lo menos 4 horas o durante toda la noche.

2. Precaliente un asador para intemperie o interior a fuego medio-alto.

3. Para preparar la ensalada, mezcle la lechuga, jitomates, pepino, rábanos, cebollitas de cambray, perejil y menta en un tazón mediano.

4. Barnice ligeramente el pan árabe con el aceite y espolvoree con el sumac. Ase alrededor de un minuto de cada lado,

hasta que esté dorado y crujiente. Rompa en trozos pequeños.

5. Para preparar el aderezo, mezcle el jugo de limón, sumac y ajo en un tazón pequeño. Integre gradualmente el aceite y sazone con sal y pimienta.

6. Ase el cordero de 2 a 3 minutos de cada lado, hasta que esté cocido al término deseado. Pase a un plato, tape y deje reposar en un lugar cálido durante 5 minutos.

7. Rebane el cordero. Agregue el cordero, aderezo y pan árabe asado a la ensalada y mezcle para cubrir. Sirva de inmediato.

# salchichas de puerco e hinojo con col morada

A todo el mundo le gustan las salchichas, pero las salchichas compradas a menudo están llenas de preservativos y carne de baja calidad. Al hacerlas en casa usted puede estar seguro de la calidad de los ingredientes.

- Rinde 4 porciones
- 30 minutos
- 1 hora
- 20–25 minutos
- 1

**SALCHICHAS**

750 g (1 ½ lb) de carne de puerco molida (finamente picada)

½ taza (30 g) de migas de pan fresco

2 cucharadas de miel de abeja

2 dientes de ajo, finamente picados

2 cucharaditas de semillas de hinojo

2 cucharaditas de hojuelas de chile

1 cucharadita de sal

1 cucharadita de pimienta negra

**COL MORADA**

2 cucharadas de aceite de oliva extra virgen

2 cucharadas de mantequilla

1 cebolla mediana, finamente rebanada

1 diente de ajo, finamente picado

½ col morada pequeña, desmenuzada

1 ½ taza (300 ml) de caldo de pollo

1 cucharada de mostaza sin semillas

½ taza (15 g) de perejil picado

3 cucharadas de vinagre de vino tinto

Sal y pimienta negra recién molida

**PARA COCINAR Y SERVIR**

2 cucharadas de aceite de oliva extra virgen, para barnizar

½ taza (125 ml) de chutney de tomate y manzana (vea página 18)

1. Para preparar las salchichas, coloque todos los ingredientes para las salchichas en un procesador de alimentos y muela sólo hasta integrar. Haga ocho salchichas del mismo tamaño. Pase a un plato y refrigere durante una hora.

2. Precaliente una plancha plana sobre un asador para intemperie o interior a fuego medio-alto.

3. Para preparar la col morada, caliente el aceite y la mantequilla en una olla grande sobre fuego medio. Agregue la cebolla y el ajo y saltee de 2 a 3 minutos, hasta que se suavicen. Añada la col y cocine alrededor de 5 minutos, hasta que se marchite. Agregue el caldo y la mostaza y lleve a ebullición. Cuando suelte el hervor disminuya el fuego y hierva a fuego lento alrededor de 10 minutos, hasta que la col esté suave. Integre el perejil y el vinagre; sazone con sal y pimienta.

4. Barnice las salchichas con el aceite y ase de 8 a 10 minutos, volteando ocasionalmente, hasta que estén doradas y totalmente cocidas.

5. Sirva las salchichas calientes, acompañadas con la col y el chutney.

Si a usted le gustó esta receta, también le gustarán:

**tortitas** de pollo tai

120

**salchichas de pollo** e hinojo con polenta ligera

122

**brochetas kofta** estilo indio

228

# salchichas españolas con ajo, puré y chícharos

Si su procesador de alimentos tiene un aditamento para hacer salchichas, puede hacer salchichas de forma profesional. Si no es así, tome la carne de salchicha y forme bolas o hamburguesas a mano y cocine de la misma manera.

Rinde 6-8 porciones

30 minutos

5–6 horas

20–25 minutos

1

**SLACHICHAS**

1.25 kg (2 ½ lb) de paleta de puerco, sin hueso, toscamente picada

125 g (4 oz) de tocino, sin orillas

2 cucharaditas de páprika

1 ½ cucharadita de sal

¾ taza (180 ml) de jerez dulce
  Tripas de puerco medianas

24 dientes de ajo enteros

**PURÉ DE PAPA**

1 kg (2 lb) de papas, sin piel

2 dientes de ajo, finamente picados

¼ taza (60 g) de mantequilla con sal

2 tazas (300 g) de chícharos congelados

1. Para preparar las salchichas, muela el puerco y el tocino dos veces usando el plato mediano de un molino para carne. Coloque en un tazón e integre la páprika, sal y jerez. Mezcle hasta integrar por completo. Refrigere durante 5 ó 6 horas.

2. Coloque las tripas de puerco en el rellenador de salchichas. Haga un nudo en una de los extremos e introduzca la mezcla de salchicha en las tripas. Obtendrá una salchicha larga. Ate en porciones de aproximadamente 12 cm (5 in) de largo. Mantenga las salchichas en el refrigerador hasta el momento de usar.

3. Para preparar el puré de papa, hierva las papas en una olla de agua con sal de 15 a 20 minutos, hasta que estén suaves. Escurra perfectamente y machaque con el ajo y la mantequilla.

4. Cocine los chícharos en agua hirviendo con sal alrededor de 5 minutos, hasta que estén suaves. Escurra perfectamente.

5. Ase las salchichas con los dientes de ajo enteros alrededor de 5 minutos, hasta que se doren y estén totalmente cocidas. Sirva calientes acompañando con el puré de papa y los chícharos.

Si a usted le gustó esta receta, también le gustarán:

**salchichas de pollo** e hinojo con polenta ligera

122

**salchichas de puerco** e hinojo con col morada

224

**brochetas kofta** estilo indio

228

# brochetas kofta estilo indio

Prepare estas brochetas tan picosas como quiera; la raita de jitomate ayudará a balancear el platillo.

Rinde 4-6 porciones

30 minutos

1 hora

20–30 minutos

2

## BROCHETAS KOFTA

| | |
|---|---|
| 1 | cebolla pequeña, picada |
| 1/4 | taza de hojas de cilantro |
| 1 | chile verde grande, sin semillas y toscamente picado |
| 2 | dientes de ajo, picados |
| 1 | trozo (2.5 cm/1 in) de jengibre, sin piel y picado |
| 500 g (1 lb) de carne de cordero molida (finamente picada) |
| 1/4 | taza (15 g) de migas de pan fresco |
| 2 | cucharaditas de garam masala |
| 1 | cucharadita de sal |
| 2 | cucharaditas de comino molido |
| 1 | cucharadita de canela molida |
| 1 | cucharadita de semillas de cilantro, molidas |
| 1/4 | cucharadita de pimienta negra recién molida |
| 2 | cucharadas de aceite vegetal |

## PILAF DE CEBOLLA Y UVAS PASAS

| | |
|---|---|
| 1/4 | taza (60 g) de mantequilla |
| 1 | cucharada de aceite de oliva extra virgen |
| 1 | cebolla grande, finamente rebanada |
| 1 | taza (200 g) de arroz de grano largo, enjuagado |
| 1/2 | taza (90 g) de uvas pasas |
| 1/2 | cucharadita de canela molida |
| 1/4 | cucharadita de semillas de cilantro, molidas |
| 2 | tazas (500 ml) de caldo de pollo, caliente |

## RAITA DE JITOMATE

| | |
|---|---|
| 1 | jitomate mediano |
| 3/4 | taza (180 ml) de yogurt natural |
| 1 | cucharada de cilantro fresco, finamente picado |
| 1 | cucharada de jugo de limón amarillo recién exprimido |
| Sal | |

1. Para preparar las brochetas kofta, coloque la cebolla, cilantro, chile, ajo y jengibre en un procesador de alimentos y muela hasta obtener una pasta gruesa. Agregue el cordero, migas de pan y especias y muela sólo hasta integrar. Divida la mezcla en doce partes iguales y coloque cada una alrededor de una brocheta dándoles forma de salchichas. Aplane ligeramente, coloque sobre un plato y refrigere durante una hora.

2. Para preparar el pilaf de cebolla y uvas pasas, caliente la mantequilla y el aceite en una olla mediana sobre fuego medio. Agregue la cebolla y saltee de 3 a 4 minutos, hasta dorar. Añada el arroz, uvas pasas, canela y semillas de cilantro y mezcle para cubrir. Agregue el caldo y lleve a ebullición. Disminuya el fuego a bajo, tape y hierva a fuego lento de 15 a 20 minutos, hasta que el arroz esté suave y todo el líquido se haya absorbido.

3. Precaliente un asador para intemperie o interior a fuego alto.

4. Para preparar la raita de jitomate, retire la piel del jitomate con ayuda de un cuchillo filoso pequeño. Corte transversalmente a la mitad y deseche las semillas. Pique la carne en dados finos. Coloque en un tazón pequeño con el yogurt, cilantro y jugo de limón. Sazone con sal.

5. Barnice las brochetas con el aceite y ase durante 3 ó 4 minutos de cada lado, hasta que estén cocidas al término deseado.

6. Esponje el pilaf con ayuda de un tenedor y sirva caliente acompañando con las brochetas y la raita de jitomate.

# brochetas de cordero a la menta

El cordero y la menta son una combinación clásica. Acompañadas con espárragos y almendras, estas brochetas forman una comida completa.

Rinde 4 porciones

30 minutos

4–12 horas

6–10 minutos

2

## MARINADA DE MENTA

½ cebolla morada pequeña, finamente picada

1 taza (25 g) de hojas de menta

2 cucharadas de almendras molidas

1 diente de ajo, picado

¼ taza (60 ml) de aceite de oliva extra virgen

2 cucharadas de jugo de limón amarillo recién exprimido

Sal y pimienta negra recién molida

600 g (1 ¼ lb) de cadera de cordero, cortada en tiras de 2.5 cm (1 in)

## ENSALADA DE ESPÁRRAGOS ASADOS

2 manojos de espárragos, sin las bases duras

4 cucharadas (60 ml) de aceite de oliva extra virgen

1 taza (50 g) de ramas de perejil de hoja plana

½ taza (80 g) de almendras asadas, toscamente picadas

½ limón amarillo en conserva, sin pulpa; su piel, finamente rebanada (opcional)

1 cucharada de jugo de limón amarillo recién exprimido

Sal y pimienta negra recién molida

1. Para preparar la marinada de menta, coloque la cebolla, menta, almendras molidas y ajo en un procesador de alimentos pequeño y muela hasta obtener una pasta gruesa. Agregue gradualmente el aceite y el jugo de limón, moliendo hasta obtener una pasta tersa. Sazone con sal y pimienta.

2. Pase la marinada a un tazón mediano, agregue el cordero y mezcle para cubrir. Tape y refrigere por lo menos 4 horas o durante toda la noche.

3. Precaliente un asador para intemperie o interior y una plancha plana sobre un asador para intemperie o interior a fuego medio-alto.

4. Para preparar la ensalada de espárragos, barnice ligeramente los espárragos con 2 cucharadas de aceite y ase sobre la

plancha plana de 2 a 4 minutos, sólo hasta que estén suaves.

5. Coloque los espárragos, perejil, almendras, limón en conserva, si lo usa, y las 2 cucharadas restantes de aceite y jugo de limón en un tazón mediano y mezcle para cubrir. Sazone con sal y pimienta.

6. Ensarte el cordero en 12 pinchos de bambú o metal para brochetas. Unte con la marinada.

7. Ase el cordero de 4 a 5 minutos sobre el asador, volteando ocasionalmente, hasta que esté cocido al término deseado.

8. Sirva las brochetas calientes acompañando con la ensalada de espárragos.

# brochetas de hígado de cordero con pancetta

El hígado de cordero tiene un alto contenido de vitamina A; una porción de 125 g (4 oz) contiene el 550% de la ingesta diaria recomendada de esta vitamina. Sin embargo, también tiene un alto contenido de colesterol, por lo que sólo debe servirse en ocasiones especiales.

- Rinde 4 porciones
- 20 minutos
- 2 horas
- 8–10 minutos

- 1

### BROCHETAS

| | |
|---|---|
| 1 | cebolla morada pequeña, toscamente rallada |
| 3 | cucharadas de aceite de oliva extra virgen |
| 2 | cucharadas de perejil fresco, finamente picado |
| 2 | cucharaditas de páprika molida |
| 1 | cucharadita de comino molido |
| 1/4 | cucharadita de pimienta de cayena |
| 500 g (1 lb) de hígado de cordero, cortado en cubos de 2 cm (3/4 in) | |
| 125 g (4 oz) de pancetta o tocino, finamente rebanado | |

### SALSA HARISSA

| | |
|---|---|
| 5 | jitomates medianos |
| 2 | cucharadas de aceite de oliva extra virgen |
| 1/2 | cebolla morada pequeña, finamente picada |
| 3 | chiles rojos grandes, sin semillas y finamente picados |
| 1 | diente de ajo, finamente picado |
| 1/2 | cucharadita de semillas de cilantro, molidas |
| 1/2 | cucharadita de comino molido |
| 1 | cucharada de jugo de limón amarillo recién exprimido |
| 1 | cucharada de hojas de cilantro fresco, finamente picado |
| | Sal |

1. Para preparar las brochetas, mezcle la cebolla, aceite, perejil, páprika, comino y pimienta de cayena en un tazón mediano. Agregue el hígado y la pancetta; mezcle para cubrir. Tape y refrigere durante 2 horas.

2. Para preparar la salsa harissa, hierva agua en una olla mediana. Marque una cruz en la base de los jitomates y blanquee durante 10 segundos. Retire usando una cuchara ranurada y refresque en agua fría. Retire la piel de los jitomates y deseche las semillas. Pique finamente la carne.

3. Caliente el aceite en una sartén mediana sobre fuego medio-bajo. Agregue la cebolla, chiles y ajo y saltee de 3 a 4 minutos, hasta que se suavicen. Añada los jitomates, semillas de cilantro y comino y mezcle hasta integrar. Hierva a fuego lento de 10 a 15 minutos, hasta que se reduzca y adquiera la consistencia de una salsa espesa. Integre el jugo de limón y las hojas de cilantro; sazone con sal.

4. Precaliente una plancha plana sobre un asador para intemperie o interior a fuego alto.

5. Ensarte el hígado y la pancetta en brochetas de bambú o metal. Ase de 2 a 3 minutos de cada lado, hasta que el hígado todavía esté ligeramente rosado en su interior o hasta que esté cocido al término deseado.

6. Sirva caliente acompañando con la salsa harissa.

# brochetas de puerco tikka

El garam masala es una mezcla de especias de la India. Existen muchas variaciones de la receta básica pero, por lo general, incluye comino, canela, cardamomo, nuez moscada, anís estrella, semillas de cilantro, pimienta y clavos de olor. Búsquelo en las tiendas y mercados especializados en alimentos asiáticos.

Rinde 6 porciones

20 minutos

4–12 horas

10–12 minutos

1

## MARINADA

| | |
|---|---|
| ¾ | taza (180 g) de yogurt natural |
| ¼ | taza (60 ml) de aceite de oliva extra virgen |
| 1 | cebolla pequeña, finamente picada |
| 3 | dientes de ajo, finamente picados |
| 1 | trozo (2.5 cm/1 in) de jengibre, sin piel y finamente rallado |
| 2 | cucharaditas de garam masala |
| 2 | cucharaditas de páprika picante |
| 2 | cucharaditas de comino molido |
| 1 ½ | cucharadita de pimienta de cayena |
| 1 | cucharadita de sal |
| ½ | cucharadita de chile en polvo |

## BROCHETAS

| | |
|---|---|
| 2 | filetes de puerco (400 g/14 oz c/u), limpios y partidos en dados de 2.5 cm (1 in) |
| | Chapatas o pan árabe, para acompañar |
| 2 | cucharadas de aceite de oliva extra virgen |
| 1 | taza (250 g) de chutney de mango dulce comprado o hecho en casa, para acompañar (vea página 22) |

1. Para preparar la marinada, mezcle el yogurt, aceite, cebolla, ajo, jengibre, garam masala, páprika, comino, pimienta de cayena, sal y chile en polvo en un tazón mediano. Agregue los filetes de puerco y mezcle para cubrir. Tape y refrigere por lo menos 4 horas o durante toda la noche.

2. Precaliente una plancha plana sobre un asador para intemperie o interior a fuego medio.

3. Para preparar las brochetas, ensarte el puerco en brochetas de bambú o metal y ase de 5 a 6 minutos de cada lado, hasta que esté cocido al término deseado.

4. Barnice las chapatas con aceite y ase ligeramente.

5. Sirva las brochetas calientes acompañando con las chapatas y el chutney de mango.

Si a usted le gustó esta receta, también le gustarán:

**brochetas de cordero** a la menta

230

**brochetas de hígado de cordero** con pancetta

232

**brochetas de puerco** asadas

236

# brochetas de puerco asadas

La carne de puerco a menudo se endurece y seca cuando se asa. Puede evitarlo al marinarla en una mezcla con base de aceite y teniendo cuidado de no sobre cocinarla.

Rinde 6 porciones

15 minutos

1-24 horas

5-10 minutos

1

**MARINADA**

1/3 taza (90 ml) de aceite de oliva extra virgen

4 dientes de ajo, finamente picados

1/2 cucharadita de comino molido

2 cucharadas de albahaca fresca, finamente picada

1 cucharadita de sal

1/2 cucharadita de pimienta negra recién molida

**BROCHETAS**

1 kg (2 lb) de lomo de puerco, sin hueso y cortado en trozos de 2.5 cm (1 in)

1 piña fresca (aproximadamente de 1.5 kg/3 lb), sin piel, descorazonada, rebanada en rodajas de 1 cm (1/2 in) de grueso y cada rebanada cortada en cuñas

1 pimiento (capsicum) rojo, sin semillas y cortado en cuadros de 2.5 cm (1 in)

1 pimiento (capsicum) verde, sin semillas y cortado en cuadros de 2.5 cm (1 in)

1 cebolla blanca grande, dividida en capas y cada una cortada en cuadros de 2.5 cm (1 in)

2 ó 3 cucharadas de aceite de oliva extra virgen

Sal y pimienta negra recién molida

1. Para preparar la marinada, bata el aceite, ajo, comino, albahaca, sal y pimienta en un tazón grande hasta integrar por completo. Agregue el puerco y mezcle perfectamente para cubrir. Tape y refrigere por lo menos durante una hora (y no más de 24 horas).

2. Para preparar las brochetas, coloque la piña, pimientos y cebolla en un tazón. Agregue el aceite y sazone con sal y pimienta. Mezcle suavemente hasta cubrir la piña y las verduras.

3. Precaliente un asador para intemperie o interior a fuego alto.

4. Ensarte 6 brochetas de metal grandes con un trozo de piña, pimiento, cebolla y carne; repita la operación hasta que la brocheta esté completa. Barnice con la marinada o el jugo restante.

5. Ase de 5 a 10 minutos, hasta que el exterior esté dorado y las brochetas estén totalmente cocidas. Sirva calientes.

Si a usted le gustó esta receta, también le gustarán:

**pollo** yakatori

124

**brochetas de res** satay estilo indonesio

186

**brochetas** de puerco tikka

234

# costillas de cordero con masala

Las hojas de cilantro fresco, conocidas en muchas partes del mundo por el nombre de coriandro, ayudan al aparato digestivo y se cree que ayudan a desinfectar y desintoxicar el cuerpo.

Rinde 4 porciones

20 minutos

4-12 horas

5-10 minutos

1

## COSTILLAS DE CORDERO

| | |
|---|---|
| ½ | taza (125 g) de yogurt natural |
| 3 | cucharadas de jugo de limón amarillo recién exprimido |
| 3 | dientes de ajo, finamente picados |
| 3 | cucharaditas de garam masala |
| 2 | cucharaditas de jengibre, finamente rallado |
| ½ | cucharadita de sal |
| ¼ | cucharadita de pimienta negra recién molida |
| 12 | costillas de cordero |
| | Arroz basmati cocido al vapor, para acompañar |

## CHUTNEY DE CILANTRO

| | |
|---|---|
| 2 | tazas (100 g) de hojas de cilantro fresco |
| ¼ | taza de hojas de menta fresca |
| ½ | cebolla morada pequeña, finamente picada |
| 1 | chile verde grande, sin semillas y finamente picado |
| 2 | cucharadas de yogurt natural |
| 1 | cucharada de jugo de limón amarillo recién exprimido |
| 2 | cucharaditas de azúcar |
| ½ | cucharadita de sal |

1. Para preparar las costillas de cordero, mezcle el yogurt, jugo de limón, ajo, garam masala, jengibre, sal y pimienta en un tazón mediano. Agregue las costillas de cordero y mezcle para cubrir. Tape y refrigere por lo menos 4 horas o durante toda la noche.

2. Para preparar el chutney de cilantro, mezcle el cilantro, menta, cebolla, chile, yogurt, jugo de limón, azúcar y sal en un procesador de alimentos y muela hasta obtener una pasta tersa.

3. Precaliente un asador para intemperie o interior a fuego medio-alto.

4. Ase las costillas de 2 a 5 minutos de cada lado, hasta que estén cocidas al término deseado. Pase a un plato, tape y deje reposar durante 5 minutos.

5. Sirva calientes acompañando con el arroz basmati y chutney de cilantro.

Si a usted le gustó esta receta, también le gustarán:

**cordero marinado** al yogurt con calabacitas y chicharos

240

**costillas de cordero** con relleno de uvas pasas, queso feta y piñones

242

**filetes de cordero** a las especias baharat con pilaf de nuez y arandano

268

# cordero marinado al yogurt con calabacitas y chícharos

El queso pecorino es un queso de oveja proveniente de Italia. Si no lo encuentra, puede sustituirlo por queso ricotta salata (ricotta salado) o queso feta griego.

- Rinde 4 porciones
- 20 minutos
- 4–12 horas
- 5–10 minutos
- 1

## CORDERO

| | |
|---|---|
| 1 | taza (250 g) de yogurt natural |
| 2 | cucharadas de aceite de oliva extra virgen |
| 1 | cucharada de jugo de limón amarillo recién exprimido |
| 3 | cucharadas de eneldo fresco, finamente picado |
| 2 | cucharadas de menta fresca, finamente picada |
| 2 | dientes de ajo, finamente picados |
| 12 | costillas de cordero |
| | Sal y pimienta negra recién molida |

## CALABACITAS Y CHÍCHAROS

## A LA MENTA

| | |
|---|---|
| 3 | calabacitas (courgettes), partidas longitudinalmente en rebanadas delgadas |
| 4 | cucharadas (60 ml) de aceite de oliva extra virgen |
| 2 | tazas (300 g) de chícharos precocidos congelados |
| ¼ | taza de hojas de menta |
| 1 | cucharada de jugo de limón amarillo recién exprimido |
| 1 | limón amarillo en conserva, sin pulpa; la piel finamente rebanada |
| | Sal y pimienta negra recién molida |
| 125 g (4 oz) de queso pecorino, finamente rebanado | |

1. Para preparar el cordero, mezcle el yogurt con el aceite, jugo de limón, eneldo, menta y ajo en un tazón mediano. Agregue las costillas de cordero, sazone con sal y pimienta y mezcle para cubrir. Tape y refrigere por lo menos 4 horas o durante toda la noche.

2. Precaliente un asador para intemperie o interior a fuego medio-alto y una plancha plana sobre un asador para intemperie o interior a temperatura alta

3. Para preparar las calabacitas y chícharos a la menta, barnice las calabacitas con 2 cucharadas de aceite y ase durante 1 ó 2 minutos de cada lado, hasta que estén suaves y se les hayan marcado las líneas de la parrilla. Ponga a hervir agua en una olla mediana y cocine los chícharos durante 1 ó 2 minutos, sólo hasta que estén suaves. Escurra perfectamente.

4. Mezcle las calabacitas, chícharos, menta, jugo de limón, limón en conserva y las 2 cucharadas de aceite restante en un tazón mediano. Sazone con sal y pimienta; mezcle para cubrir. Agregue el queso pecorino y mezcle suavemente.

5. Ase las costillas sobre la plancha plana de 2 a 4 minutos de cada lado, hasta que estén cocidas al término deseado.

6. Sirva calientes acompañando con las calabacitas y los chícharos.

Si a usted le gustó esta receta, también le gustarán:

**costillas de cordero** con masala

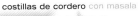

238

**costillas de cordero** con relleno de uvas pasas, queso feta y piñones

242

**cordero mechoui** estilo marroquí

266

# costillas de cordero con relleno de uvas pasas, queso feta y piñones

Rinde 4 porciones

20 minutos

10 minutos

4-8 minutos

3

## COSTILLAS DE CORDERO

| | |
|---|---|
| 12 | costillas de cordero |
| $\frac{1}{2}$ | taza (90 g) de uvas pasas, remojadas en agua tibia durante 10 minutos y escurridas |
| $\frac{1}{4}$ | taza (60 g) de queso feta, marinado y desmoronado |
| $\frac{1}{4}$ | taza (45 g) de piñones, ligeramente tostados |
| 3 | cucharadas de perejil de hoja plana fresco, finamente picado |
| | Aceite de oliva extra virgen |
| | Sal y pimienta negra recién molida |

## ENSALADA DE ARÚGULA

| | |
|---|---|
| 3 | tazas (150 g) de arúgula (rocket) |
| 20 | jitomates cereza, partidos a la mitad |
| $\frac{1}{2}$ | cebolla morada pequeña, finamente rebanada |
| 2 | cucharadas de vinagre balsámico |
| 1 | cucharadita de mostaza Dijon |
| $\frac{1}{4}$ | cucharadita de azúcar |
| 2 | cucharadas de aceite de oliva extra virgen |
| | Sal y pimienta negra recién molida |

1. Precaliente una plancha plana sobre un asador para intemperie o interior a fuego medio-alto.

2. Para preparar las costillas de cordero, haga un corte en la parte central de cada una. Use sus dedos para abrirlas hasta obtener una bolsa.

3. Mezcle las uvas pasas, queso feta, piñones y perejil en un tazón pequeño. Introduzca la mezcla en las bolsas.

4. Para preparar la ensalada de arúgula, coloque la arúgula, jitomates cereza y cebolla en un tazón mediano. Mezcle el

vinagre, mostaza y azúcar en un tazón pequeño. Integre el aceite y sazone con sal y pimienta. Agregue a la ensalada y mezcle para cubrir.

5. Barnice las costillas con el aceite y sazone con sal y pimienta.

6. Ase las costillas de 2 a 4 minutos de cada lado, hasta que estén cocidas al término deseado.

7. Sirva las costillas calientes acompañando con la ensalada de arúgula.

Si a usted le gustó esta receta, también le gustarán:

**costillas de cordero** con masala

238

**cordero marinado** al yogurt con calabacitas y chícharos

240

**cordero** con salsa verde y ensalada

270

# chuletas de puerco glaseadas
## con ensalada de peras asadas

- Rinde 4 porciones
- 30 minutos
- 4–12 horas
- 20–25 minutos

- 1

### CHULETAS DE PUERCO

| | |
|---|---|
| 1/4 | taza (60 ml) de miel de maple |
| 2 | cucharadas de aceite vegetal |
| 2 | cucharadas de vinagre de sidra |
| 1 | cucharada de mostaza Dijon |
| 4 | chuletas de puerco (200 g/7 oz c/u) |

### ENSALADA DE PERAS ASADAS

| | |
|---|---|
| 2 | peras maduras firmes, partidas longitudinalmente a la mitad y descorazonadas |
| 2 | cucharadas de mantequilla derretida |

| | |
|---|---|
| 2 | lechugas escarolas pequeñas, las hojas interiores, lavadas |
| 1/3 | taza (50 g) de nueces pecanas, ligeramente tostadas |
| 2 | cucharadas de cebollín, picado con tijeras |

### ADEREZO

| | |
|---|---|
| 2 | cucharadas de vinagre de vino tinto |
| 1 | cucharadita de mostaza Dijon |
| 1/2 | cucharadita de miel de abeja |
| 3 | cucharadas de aceite de oliva extra virgen |
| | Pimienta negra recién molida |

1. Para preparar las chuletas de puerco, mezcle la miel de maple, aceite, vinagre y mostaza en un tazón pequeño. Cubra las chuletas con la mezcla de miel y coloque sobre un plato. Tape y refrigere por lo menos 4 horas o durante toda la noche.

2. Precaliente un asador para intemperie o interior a fuego medio-alto y una plancha plana sobre un asador para intemperie o interior a fuego medio.

3. Ase las chuletas sobre la plancha plana de 3 a 4 minutos de cada lado, barnizando ocasionalmente, hasta que estén totalmente cocidas. Pase a un plato, tape y deje reposar en un lugar cálido durante 5 minutos.

4. Para preparar la ensalada de peras asadas, corte cada mitad de pera en tres rebanadas, barnice con mantequilla derretida y ase durante 1 ó 2 minutos de cada lado, hasta que se suavicen y se les marquen las líneas de la parrilla. Coloque en un tazón mediano con la lechuga, nueces y cebollín.

5. Para preparar el aderezo, mezcle el vinagre, mostaza y miel de abeja en un tazón pequeño. Integre gradualmente el aceite y sazone con sal y pimienta. Vierta sobre la ensalada y mezcle para cubrir.

6. Sirva las chuletas de puerco calientes acompañando con la ensalada de pera.

Si a usted le gustó esta receta, también le gustarán:

**chuletas de puerco** con berenjena y pimientos sazonados

246

**chuletas de puerco** con skordalia, ejotes y aceitunas

248

**puerco a la naranja** y romero con puré de manzana y apio nabo

250

# chuletas de puerco con berenjena y pimientos sazonados

Rinde 4 porciones

30 minutos

30 minutos

15–20 minutos

2

## BERENJENAS Y PIMIENTOS SAZONADOS

| | |
|---|---|
| 2 | berenjenas (aubergines) medianas, cortadas en cubos de 2.5 cm (1 in) |
| 2 | cucharaditas de sal |
| 2 | pimientos (capsicums) rojos medianos |
| 1 | cebolla mediana, rebanada |
| 2 | cucharadas de aceite de oliva extra virgen |
| 1 | taza (25 g) de hojas de espinaca pequeña |

| | |
|---|---|
| 1/4 | taza (60 ml) de chutney de jitomate sazonado (vea página 28) |

## CHULETAS DE PUERCO

| | |
|---|---|
| 4 | chuletas de puerco (200 g/7 oz c/u) |
| 2 | cucharadas de aceite de oliva extra virgen |
| | Sal y pimienta negra recién molida |

1. Precaliente un asador para intemperie o interior a fuego medio-alto y una plancha plana sobre un asador para intemperie o interior a fuego medio.

2. Para preparar las berenjenas y pimientos asados, coloque las berenjenas en un colador, espolvoree con sal y deje reposar durante 30 minutos.

3. Mientras tanto, ase los pimientos hasta que las pieles estén ampolladas y tatemadas. Coloque en un tazón mediano, tape con plástico adherente y deje reposar para que se enfríen ligeramente. Retire la piel y las semillas de los pimientos y rebane longitudinalmente.

4. Para preparar las chuletas de puerco, barnícelas con el aceite y sazone con sal y pimienta. Ase de 3 a 4 minutos de cada lado, hasta que estén totalmente cocidas. Pase a un plato, tape y deje reposar en un lugar cálido durante 5 minutos.

5. Sacuda la berenjena para retirarle la sal y seque con toallas de papel. Rocíe la berenjena y la cebolla con el aceite y ase sobre la plancha plana de 3 a 4 minutos, hasta que se suavicen y doren. Mezcle la berenjena, cebolla, pimiento, espinaca y chutney de jitomate sazonado en un tazón mediano y mezcle para cubrir. Sirva caliente.

Si a usted le gustó esta receta, también le gustarán:

chuletas de puerco glaseadas con ensalada de peras asadas

244

puerco a la naranja y romero con puré de manzana y apio nabo

250

pancita de puerco con manzana y ensalada de hinojo

254

# chuletas de puerco con skordalia, ejotes y aceitunas

La skordalia es un platillo griego hecho con ajo y papas (o pan o nueces) al cual se le integra aceite de oliva y jugo de limón amarillo. Existen muchas variaciones. Se puede servir para acompañar pescado, carnes o verduras.

Rinde 4 porciones

30 minutos

25–35 minutos

2

### SKORDALIA

| | |
|---|---|
| 2 | cabezas de ajo enteras |
| 2 | papas medianas, sin piel y partidas en cuartos |
| 1/2 | taza (125 ml) de aceite de oliva extra virgen |
| 3 | cucharadas de jugo de limón amarillo recién exprimido |
| 1 | cucharada de vinagre blanco |
| | Sal y pimienta blanca |

### CHULETAS DE PUERCO

| | |
|---|---|
| 4 | chuletas de puerco (200 g/7 oz c/u) |

| | |
|---|---|
| 2 | cucharadas de aceite de oliva extra virgen |
| 2 | cucharadas de hojas de tomillo fresco |
| | Sal y pimienta negra recién molida |
| 250 g (8 oz) de ejotes, sin las puntas | |
| 3 | cucharadas de tapenade de aceituna verde (vea página 30) |

1. Precaliente una plancha plana sobre un asador para intemperie o interior a fuego medio-alto.

2. Para preparar la skordalia, envuelva las cabezas de ajo en papel aluminio, coloque sobre el asador y tape con un tazón de metal. Cocine de 10 a 15 minutos, volteando ocasionalmente, hasta que se suavicen.

3. Coloque las papas en una olla mediana, cubra con agua fría y lleve a ebullición. Cocine de 10 a 15 minutos, hasta que se suavicen. Escurra.

4. Exprima el ajo suavizado para retirarle la piel, agregue a la papa y machaque. Añada el aceite, jugo de limón y vinagre y machaque hasta obtener un puré terso.

Sazone con sal y pimienta.

5. Para preparar el puerco, barnice las chuletas con el aceite, espolvoree con el tomillo y sazone con sal y pimienta. Ase de 3 a 5 minutos de cada lado, hasta que estén totalmente cocidas. Pase a un plato, tape y deje reposar en un lugar cálido durante 5 minutos.

6. Mientras tanto, ponga a hervir agua en una olla grande. Blanquee los ejotes durante 1 ó 2 minutos, hasta que estén suaves. Escurra. Mezcle los ejotes con el tapenade en un tazón mediano y revuelva hasta cubrir.

7. Sirva las chuletas de puerco acompañadas de los ejotes y una cucharada grande de skordalia.

Si a usted le gustó esta receta, también le gustarán:

**chuletas de puerco** glaseadas con ensalada de peras asadas

244

**chuletas de puerco** con berenjena y pimientos sazonados

246

**puerco a la naranja** y romero con puré de manzana y apio nabo

250

# puerco a la naranja y romero con puré de manzana y apio nabo

El apio nabo, también conocido como raíz de apio o apio rábano, es un tubérculo con sabor parecido al apio.

Rinde 4 porciones

15 minutos

4-12 horas

15-20 minutos

2

**PUERCO**

3 cucharadas de aceite de oliva extra virgen

3 cucharadas de hojas de romero

2 cucharaditas de ralladura fina de naranja

1 cucharadita de semillas de comino

4 chuletas de lomo de puerco (200 g/7 oz c/u)

Sal y pimienta negra recién molida

½ taza (125 ml) de jalea de cebolla caramelizada (vea página 26)

**PURÉ DE MANZANA Y APIO NABO**

1 bulbo de apio nabo, sin piel y cortado en seis porciones

1 papa mediana, sin piel y partida en cuartos

2 manzanas verdes ácidas, sin piel, partidas a la mitad y descorazonadas

3 cucharadas de crema baja en grasa

2 cucharadas de mantequilla

1 cucharada de aceite de oliva extra virgen

Sal y pimienta negra recién molida

1. Para preparar el puerco, mezcle el aceite, hojas de romero, ralladura de naranja y semillas de comino en un tazón mediano. Agregue el puerco, sazone con sal y pimienta y mezcle para cubrir. Tape y refrigere 4 horas o durante toda la noche.

2. Precaliente un asador para intemperie o interior a fuego medio-alto.

3. Para preparar el puré de manzana y apio nabo, coloque el apio nabo, papa y manzanas en una olla grande. Cubra con agua y lleve a ebullición. Cocine de 10 a 12 minutos, hasta que estén suaves. Escurra.

4. Ase las chuletas de 3 a 5 minutos de cada lado, hasta que estén totalmente cocidas. Pase a un plato, tape y deje reposar en un lugar cálido durante 5 minutos.

5. Mientras tanto, coloque la crema, mantequilla y aceite en una olla y lleve a ebullición lenta. Retire del fuego, agregue la papa y apio nabo; machaque hasta obtener un puré terso. Sazone con sal y pimienta.

6. Sirva el puerco caliente acompañando con el puré de manzana y apio nabo y jalea de cebolla caramelizada.

Si a usted le gustó esta receta, también le gustarán:

**chuletas de puerco** con berenjena y pimientos sazonados

246

**pancita de puerco** con manzana y ensalada de hinojo

254

**puerco a la granada roja** con ensalada de bulgur y nuez

262

# puerco estilo tonkatsu
## con arroz integral

El tonkatsu es un platillo de puerco tradicional del Japón. En japonés, ton significa "puerco". Puede usar pechuga de pollo o ternera en vez de la carne de puerco si lo prefiere.

Rinde 4 porciones

30 minutos

30–40 minutos

2

### ENSALADA DE ARROZ INTEGRAL

1 ½ taza (300 g) de arroz integral

¼ de col blanca pequeña, finamente desmenuzada

5 cebollitas de cambray, finamente rebanadas

2 cucharadas de semillas de ajonjolí, ligeramente tostadas

⅓ taza (90 ml) de mayonesa comprada o hecha en casa (vea página 58)

2 cucharadas de jugo de limón amarillo recién exprimido

### SALSA TONKATSU

3 cucharadas de salsa cátsup

3 cucharadas de salsa inglesa

2 cucharadas de shoyu (salsa de soya japonesa)

2 cucharadas de mirin

1 cucharada de vinagre de vino de arroz

1 cucharada de azúcar

2 cucharaditas de jengibre, toscamente rallado

1 diente de ajo, toscamente picado

1 cucharadita de mostaza picante japonesa o inglesa

½ cucharadita de especias para pay de calabaza (pimienta de jamaica)

### PUERCO

½ taza (75 g) de harina de trigo (simple)

1 huevo grande

2 cucharadas de leche

1 ½ taza (120 g) de pan molido fino

4 milanesas de puerco (125 g/4 oz)

⅓ taza (90 ml) de aceite vegetal

1. Para preparar la ensalada de arroz integral, ponga a hervir agua en una olla mediana sobre fuego alto. Agregue el arroz y hierva alrededor de 30 minutos, hasta que esté suave.

2. Para preparar la salsa tonkatsu, mezcle todos los ingredientes de la salsa en una olla pequeña y lleve a ebullición. Disminuya el fuego a bajo y hierva a fuego lento durante 10 minutos. Desnate la superficie y deseche la espuma. Cuele a través de un colador de malla fina y deje reposar para que se enfríe.

3. Escurra el arroz y extienda sobre un plato para que se enfríe. Mezcle el arroz frío con la col, cebollitas de cambray y semillas de ajonjolí en un tazón mediano. Agregue la mayonesa y el jugo de limón y mezcle para cubrir.

4. Para preparar el puerco, coloque la harina

en un tazón mediano. Bata el huevo y la leche en otro tazón mediano con ayuda de un batidor globo y extienda el pan molido sobre un plato. Pase el puerco, una porción a la vez, por la harina, sumerja en el huevo batido y cubra con el pan molido, presionando suavemente para que se adhiera. Reserve.

5. Precaliente una plancha plana sobre un asador para intemperie o interior a fuego medio.

6. Rocíe el aceite sobre la plancha y cocine las escalopas de puerco durante 2 minutos de cada lado, agregando más aceite si fuera necesario, hasta que estén doradas, crujientes y totalmente cocidas.

7. Sirva el puerco caliente acompañando con la ensalada de arroz integral y la salsa tonkatsu.

# pancita de puerco con manzana y ensalada de hinojo

La ensalada crujiente de manzana e hinojo proporciona una deliciosa contraparte para la carne dulce de puerco.

Rinde 4 porciones

30 minutos

1 hora

25–35 minutos

3

**PUERCO**

3 cucharadas de semillas de hinojo

2 cucharadas de semillas de cilantro

1 cucharada de hojuelas de chile rojo

1 cucharada de granos de pimienta negra

1/4 taza (40 g) de sal

1.35 kg (3 lb) de panza de puerco

1/4 taza (60 ml) de vinagre de vino blanco

3 cucharadas de aceite de oliva extra virgen

**ENSALADA DE MANZANA E HINOJO**

2 bulbos de hinojo pequeños, limpios y partidos longitudinalmente en rebanadas delgadas

2 manzanas verdes ácidas, partidas en cuartos, descorazonadas y finamente rebanadas

2 tallos de apio, finamente rebanados

1 taza (50 g) de hojas de perejil de hoja plana fresco

2 cucharadas de vinagre balsámico blanco

2 cucharaditas de semillas de mostaza

3 cucharadas de aceite de oliva extra virgen infundido con limón amarillo

Sal y pimienta negra recién molida

1. **Para preparar** el puerco, coloque las semillas de hinojo y cilantro, hojuelas de chile rojo y granos de pimienta en un mortero, molcajete con mano o molino de especias y muela toscamente. Pase a un tazón pequeño, agregue la sal y mezcle hasta integrar.

2. **Marque** la piel del puerco a intervalos de 5 mm (1/4 in).

3. **Ponga a hervir agua en una olla grande. Agregue** el puerco y cocine durante un minuto. Escurra y seque con toallas de papel. Coloque el puerco, con el lado de la piel hacia arriba, sobre un plato y refrigere sin tapar durante una hora.

4. **Frote** la sal con especias sobre la piel del puerco, bañe con el vinagre y rocíe con aceite.

5. **Precaliente** una plancha plana sobre un asador para intemperie o interior a fuego medio-alto.

6. **Coloque** el puerco sobre el asador, con la piel hacia abajo, cubra con la tapa o un plato grande y cocine de 10 a 15 minutos, hasta que la piel esté crujiente. Disminuya el fuego a medio, voltee, tape y cocine de 15 a 20 minutos, hasta que esté totalmente cocido. Pase a un plato, tape y deje reposar en un lugar cálido durante 10 minutos.

7. **Para armar** la ensalada, coloque el hinojo, manzana, apio y perejil en un tazón mediano. Mezcle el vinagre con la mostaza en un tazón pequeño. Integre gradualmente el aceite y sazone con sal y pimienta. Vierta el aderezo sobre la ensalada y mezcle para cubrir.

8. **Rebane** la pancita de puerco y sirva caliente acompañando con la ensalada.

# pancita de puerco
## asada estilo chino

El polvo chino de cinco especias es un sazonador que incluye los cinco sabores: dulce, ácido, amargo, picoso y salado. Se puede conseguir fácilmente en las tiendas especializadas en alimentos asiáticos.

Rinde 4-6 porciones

25 minutos

12 horas

35–40 minutos

3

**MARINADA**

1/3 taza (90 ml) de vino de arroz chino

1/3 taza (90 ml) de salsa hoisin

1/3 taza (90 ml) de salsa de soya

1/3 taza (90 ml) de miel de abeja

1/3 taza (50 g) de pasta de frijol rojo

2 dientes de ajo, finamente picados

1 1/2 cucharadita de polvo chino de cinco especias

**PUERCO**

1.5 kg (3 lb) de pancita de puerco, cortada en cuatro trozos

Arroz cocido al vapor, para acompañar

4 cebollitas de cambray, finamente rebanadas, para decorar

1. Para preparar la marinada, coloque todos los ingredientes de la marinada en una olla pequeña y lleve a ebullición. Disminuya el fuego a bajo y hierva a fuego lento durante 2 minutos, revolviendo hasta integrar. Deje enfriar.

2. Para preparar el puerco, marque la piel a intervalos de 5 mm (1/4 in).

3. Ponga a hervir agua en una olla grande. Agregue el puerco y cocine durante un minuto. Escurra y seque con toallas de papel. Cubra el puerco con la marinada y coloque, con la piel hacia arriba, sobre un plato. Refrigere sin tapar durante toda la noche.

4. Precaliente una plancha plana sobre un asador para intemperie o interior a fuego medio-bajo.

5. Coloque el puerco sobre la plancha, con la piel hacia abajo, cubra con la tapa o un plato grande y cocine, barnizando ocasionalmente, durante 20 minutos. Voltee el puerco y cocine de 15 a 20 minutos más, hasta que esté totalmente cocido. Pase a un plato, tape y deje reposar en un lugar cálido durante 5 minutos.

6. Rebane el puerco y sirva caliente acompañando con arroz al vapor y decore con las cebollitas de cambray.

Si a usted le gustó esta receta, también le gustarán:

**puerco a la naranja** y romero con puré de manzana y apio nabo

250

**pancita de puerco** con manzana y ensalada de hinojo

254

**costillas de puerco** con ciruela sazonada

258

# costillas de puerco
## con ciruela sazonada

Si es posible, pida a su carnicero que corte las costillas estilo asiático. Si no es posible, use costillas de corte normal. Rectifique el tiempo de cocción conforme sea necesario.

Rinde 4 porciones

20 minutos

12 horas

30–40 minutos

2

**SALSA DE CIRUELA SAZONADA**

1 ¼ taza (250 g) de azúcar
1 taza (250 ml) de agua
⅓ taza (80 ml) de vinagre de sidra
1 lata (800 g/28 oz) de ciruelas en jugo, sin hueso
1 cebolla morada pequeña, finamente picada
2 chiles rojos secos pequeños
1 diente de ajo, toscamente picado

1 ½ cucharadita de granos de pimienta Sichuan
½ raja de canela, troceada
2 piezas de anís estrella
4 clavos de olor enteros
Sal

**PUERCO**

1.5 kg (3 lb) de costillas de puerco
2 cucharadas de aceite vegetal
Arroz cocido al vapor, para acompañar

1. Para preparar la salsa de ciruela sazonada, coloque el azúcar, agua y vinagre en una olla grande y lleve a ebullición. Agregue los demás ingredientes de la salsa y hierva a fuego lento de 30 a 40 minutos, hasta que espese. Cuele a través de un colador de malla fina y deseche los sólidos. Deje enfriar.

2. Para preparar el puerco, cubra las costillas con la salsa de ciruela sazonada. Tape y refrigere durante toda la noche para marinar.

3. Precaliente una plancha plana sobre un asador para intemperie o interior a fuego medio-bajo.

4. Barnice la plancha con el aceite.

5. Ase las costillas de 15 a 20 minutos de cada lado, barnizando ocasionalmente, hasta que se caramelicen y quemen ligeramente.

6. Sirva calientes acompañando con el arroz al vapor.

Si a usted le gustó esta receta, también le gustarán:

**puerco** estilo tonkatsu con arroz integral

252

**pancita de puerco** con manzana y ensalada de hinojo

254

**pancita de puerco** asada estilo chino

256

# puerco con corteza szechuan y brócoli chino

La cocina szechuan o sichuan, proviene de la provincia del mismo nombre ubicada al suroeste de China. Es famosa por sus sabores fuertes y sazonados.

Rinde 4 porciones

20 minutos

20–30 minutos

1

**MEZCLA DE ESPECIAS**

| | |
|---|---|
| 1 | cucharada de granos de pimienta szechuan |
| 2 | chiles rojos secos pequeños |
| 1 | cucharadita de semillas de cilantro |
| 1 | cucharadita de semillas de hinojo |
| 3 | moras de junípero |
| 1 | cucharadita de sal de mar |

**PUERCO**

| | |
|---|---|
| 2 | lomos (400 g/14 oz c/u) de puerco (filetes) |
| 2 | cucharadas de aceite de cacahuate |
| 2 | manojos de brócoli chino |
| 1/4 | taza (60 ml) de salsa de ostión |
| 1 | cucharadita de jengibre, finamente rallado |
| 1 | diente de ajo, finamente picado |

1. Para preparar la mezcla de especias, saltee los granos de pimienta, chiles, semillas de cilantro, semillas de hinojo y moras de junípero en una sartén pequeña sobre fuego medio-bajo alrededor de un minuto, hasta que aromaticen. Pase a un mortero, molcajete con mano o molino de especias. Agregue la sal y muela hasta obtener un polvo grueso.

2. Precaliente una plancha plana sobre un asador para intemperie o interior a fuego medio-alto.

3. Para preparar el puerco, barnícelo con aceite de cacahuate y ruede sobre la mezcla de especias. Ase de 20 a 30 minutos, hasta que esté sellado por todos lados y totalmente cocido. Pase a un plato, tape y deje reposar en un lugar cálido durante 5 minutos.

4. Coloque una olla grande con agua sobre fuego alto y lleve a ebullición. Cocine el brócoli chino durante 2 ó 3 minutos, hasta que esté suave. Escurra.

5. Caliente la salsa de ostión, jengibre y ajo en un wok o sartén grande sobre fuego medio-alto. Agregue el brócoli y mezcle para cubrir.

6. Rebane toscamente el puerco y sirva caliente acompañando con el brócoli.

Si a usted le gustó esta receta, también le gustarán:

**brochetas de hígado** de cordero con pancetta

232

**pancita de puerco** asada estilo chino

256

# puerco a la granada roja con
## ensalada de bulgur y nuez

La miel de granada roja es un ingrediente común en la cocina del Medio Oriente. Se puede comprar en las tiendas especializadas en alimentos del Medio Oriente o prepararla en casa hirviendo 4 tazas (1 litro) de jugo de granada roja con 1/2 taza (100 g) de azúcar y 4 cucharadas de jugo de limón amarillo alrededor de una hora, hasta que se reduzca a 1 taza (250 ml).

Rinde 4 porciones

30 minutos

4–12 horas

30–40 minutos

1

**MARINADA**

| | |
|---|---|
| 1/4 | taza (60 ml) de miel de granada roja |
| 2 | cucharadas de aceite de oliva extra virgen |
| 2 | cucharadas de jugo de limón amarillo recién exprimido |
| 1 | diente de ajo, finamente picado |
| 1/2 | cucharadita de semillas de cilantro, molidas |
| | Sal y pimienta negra recién molida |

**ENSALADA DE TRIGO**

| | |
|---|---|
| 2 | cucharadas de aceite de oliva extra virgen |
| 1 | cebolla pequeña, finamente picada |
| 1/4 | taza (45 g) de arándanos secos |
| 1/2 | cucharadita de canela molida |
| 1/2 | cucharadita de semillas de cilantro, molidas |
| 1 | taza (200 g) de bulgur (trigo suave), enjuagado y escurrido |
| 1 1/4 | taza (300 ml) de caldo de pollo |
| 2 | cucharadas de jugo de limón amarillo recién exprimido |
| 1 | taza (25 g) de hojas de espinaca pequeña, picadas |
| 1/2 | taza (60 g) de nueces de castilla en mitades, ligeramente tostadas |
| 2 | cucharadas de semillas de girasol, ligeramente tostadas |

1. Para preparar la marinada, mezcle todos los ingredientes en un tazón mediano. Agregue el puerco y mezcle para cubrir. Tape y refrigere por lo menos 4 horas o durante toda la noche.

2. Precaliente una plancha plana sobre un asador para intemperie o interior a fuego medio-alto.

3. Para preparar la ensalada de bulgur, caliente el aceite en una olla mediana sobre fuego medio-bajo. Agregue la cebolla y saltee de 3 a 4 minutos, hasta que se suavice. Agregue los arándanos, canela y semillas de cilantro y cocine alrededor de 30 segundos, hasta que aromatice.

4. Agregue el bulgur, caldo de pollo y jugo de limón y lleve a ebullición. Disminuya el fuego a bajo, tape y hierva a fuego lento de 10 a 12 minutos, hasta que se suavice y todo el líquido se haya absorbido. Extienda sobre un plato y deje reposar para que se enfríe.

5. Ase el puerco de 20 a 30 minutos, volteando y barnizando ocasionalmente, hasta sellar por todos lados y que esté totalmente cocido. Pase a un plato, tape y deje reposar en un lugar cálido durante 5 minutos.

6. Mezcle el bulgur, espinaca, nueces y semillas de girasol en un tazón mediano y sazone con sal y pimienta.

7. Rebane toscamente el puerco y sirva caliente acompañando con la ensalada de bulgur.

# puerco envuelto en prosciutto
## con puré de habas verdes

Si lo prefiere, puede envolver el puerco en rebanadas de tocino o pancetta.

○ Rinde 4 porciones

◉ 30 minutos

◑ 30 minutos

◉ 20–25 minutos

🍴 2

**PUERCO**

| | |
|---|---|
| 2 | filetes de puerco (400 g/14 oz c/u), limpios |
| 2 | cucharadas de aceite de oliva extra virgen |
| | Sal y pimienta negra recién molida |
| 12 | rebanadas grandes de prosciutto |

**PURÉ DE HABAS VERDES**

| | |
|---|---|
| 750 g (1 ½ lb) de habas verdes frescas o congeladas | |
| 3 | ramas de menta fresca |
| 3 | dientes de ajo enteros |
| ¼ | taza (60 g) de crème fraîche o crema ácida |
| | Sal y pimienta negra recién molida |

1. Precaliente una plancha plana sobre un asador para intemperie o interior a fuego alto.

2. Para preparar el puerco, barnícelo con el aceite y sazone con sal y pimienta. Ase alrededor de 5 minutos, volteando frecuentemente, hasta sellar por todos lados. Pase a un plato y deje reposar durante 5 minutos.

3. Envuelva las rebanadas de prosciutto alrededor del puerco, de manera que queden ligeramente traslapadas. Refrigere durante 30 minutos.

4. Disminuya el fuego a medio-alto.

5. Ase el puerco una vez más de 15 a 20 minutos, volteando ocasionalmente, hasta sellar por todos lados y cocer totalmente. Pase a un plato, tape y deje reposar en un lugar cálido durante 5 minutos.

6. Para preparar el puré de habas verdes, ponga a hervir agua en una olla mediana. Agregue las habas, menta y ajo y cocine alrededor de 5 minutos, hasta que las habas estén suaves. Escurra.

7. Pase las habas y el ajo a un procesador de alimentos y muela hasta obtener un puré grueso. Agregue la crème fraîche y muela hasta obtener una mezcla tersa. Sazone con sal y pimienta. Vuelva a colocar en la olla para calentar por completo.

8. Rebane toscamente el puerco y sirva caliente acompañando con puré de habas verdes.

Si a usted le gustó esta receta, también le gustarán:

**pancita de puerco** con manzana y ensalada de hinojo

254

**puerco con corteza szechuan** y brócoli chino

260

**puerco a la granada roja** con ensalada de bulgur y nuez

262

# cordero mechoui estilo marroquí

Para esta receta usted necesitará una pierna de cordero cortada en mariposa. Pida a su carnicero que se la prepare. La mezcla de especias ras el hanout se puede conseguir en los mercados y tiendas especializadas en productos del norte de África y Medio Oriente.

Rinde 4 porciones

30 minutos

4–12 horas

25–35 minutos

2

### CORDERO

2 kg (4 lb) de pierna de cordero en corte mariposa

½ taza (125 g) de mantequilla, suavizada

3 cucharadas de aceite de oliva extra virgen

4 cucharadas de mezcla de especias ras el hanout

### CUSCÚS DE CIRUELA Y CEBOLLA

¼ taza (60 g) de mantequilla

1 cucharada de aceite de oliva extra virgen

2 cebollas grandes, partidas a la mitad y finamente rebanadas

1 taza (180 g) de ciruelas pasas secas enteras, sin hueso

1 cucharadita de canela molida

1 cucharadita de semillas de cilantro, molidas

½ cucharadita de comino molido

¼ taza (60 ml) + 1 ½ taza (375 ml) de caldo de pollo, caliente

1 ½ taza (300 g) de cuscús

¼ taza (40 g) de almendras blanqueadas, tostadas y toscamente picadas

1 cucharada de semillas de ajonjolí, ligeramente tostadas

1. Marque el cordero haciendo un diseño a cuadros.

2. Revuelva la mantequilla, aceite y mezcla de especias en un tazón mediano. Unte la mezcla de mantequilla sobre el cordero, coloque sobre un plato, tape y refrigere por lo menos 4 horas o durante toda la noche.

3. Precaliente una plancha plana sobre un asador para intemperie o interior a fuego medio-alto.

4. Ase el cordero de 10 a 12 minutos de cada lado, hasta que esté cocido al término deseado. Pase a un plato, tape y deje reposar en un lugar cálido durante 10 minutos.

5. Para preparar el cuscús de ciruela y cebolla, derrita la mantequilla y el aceite en una olla mediana sobre fuego medio-bajo. Agregue la cebolla y cocine de 3 a 4 minutos, hasta que se suavice.

6. Agregue las ciruelas, canela, semillas de cilantro y comino y cocine durante un minuto o hasta que aromatice. Agregue ¼ taza (60 ml) del caldo y hierva a fuego lento alrededor de 5 minutos, hasta que las ciruelas se hidraten y el líquido se haya absorbido. Reserve.

7. Coloque el cuscús en un tazón mediano, agregue el caldo caliente restante, tape con plástico adherente y deje reposar durante 10 minutos. Esponje ligeramente los granos con ayuda de un tenedor e integre con la mezcla de ciruela preparada, almendras tostadas y semillas de ajonjolí.

8. Rebane el cordero y sirva caliente acompañando con el cuscús.

# filetes de cordero a las especias baharat con pilaf de nuez y arándano

Nuestra receta rendirá mucho más mezcla de especias Baharat de lo que usted necesitará para esta receta. Almacénela en un recipiente con cierre hermético en un lugar fresco y oscuro hasta por dos meses.

🍴 Rinde 4 porciones

🍳 45 minutos

⏱ 4–12 horas

⏲ 25–30 minutos

🍸 2

**MEZCLA DE ESPECIAS BAHARAT**

| | |
|---|---|
| 1 | cucharadita de semillas de cardamomo |
| 3 | cucharadas de granos de pimienta negra entera |
| 2 | cucharadas de semillas de cilantro |
| 2 | cucharadas de semillas de comino |
| 1 $\frac{1}{2}$ | cucharada de clavos de olor enteros |
| 1 | raja de canela, desmoronada |
| 2 $\frac{1}{2}$ | cucharadas de páprika dulce, molida |
| 1 | cucharadita de nuez moscada recién rallada |

**CORDERO**

| | |
|---|---|
| 2 | cucharadas de aceite de oliva extra virgen |
| 4 | filetes de lomo de cordero (180 g/6 oz c/u) |

**PILAF DE NUEZ Y ARÁNDANO**

| | |
|---|---|
| 2 | cucharadas de aceite de oliva extra virgen |
| 1 | cebolla, finamente picada |
| 1 | diente de ajo, finamente picado |
| 1 | taza (200 g) de arroz de grano largo |
| $\frac{1}{2}$ | taza (90 g) de arándanos secos |
| $\frac{1}{2}$ | cucharadita de canela molida |
| 1 $\frac{1}{2}$ | taza (375 ml) de caldo de pollo |
| $\frac{1}{2}$ | taza (25 g) de cilantro fresco, toscamente picado |
| $\frac{1}{4}$ | taza (40 g) de avellanas, ligeramente tostadas y picadas |
| $\frac{1}{4}$ | taza (40 g) de pistaches, ligeramente tostados y picados |

**SALSA DE YOGURT VERDE**

| | |
|---|---|
| 1 | taza (250 g) de yogurt natural |
| 2 | cucharadas de hojas de menta |
| 1 | cucharada de hojas de cilantro fresco, picadas |
| 1 | cucharada de aceite de oliva extra virgen |
| $\frac{1}{2}$ | cucharadita de sal |

1. Para preparar la mezcla de especias baharat, coloque las semillas de cardamomo, granos de pimienta, semillas de cilantro y comino, clavos y canela en una sartén mediana. Saltee durante 1 ó 2 minutos sobre fuego bajo, hasta que aromatice. Pase a un mortero, molcajete con mano o molino de especias. Agregue la páprika y la nuez moscada y muela hasta obtener un polvo.

2. Para preparar el cordero, mezcle el aceite y 2 cucharadas de mezcla de especias baharat en un tazón mediano. Agregue el cordero y mezcle para cubrir. Tape y refrigere 4 horas o durante toda la noche.

3. Precaliente un asador para intemperie o interior a fuego medio-alto.

4. Para preparar el pilaf de nuez y arándano, caliente el aceite en una olla mediana sobre fuego medio. Agregue la cebolla y el ajo y saltee de 3 a 4 minutos, hasta que se suavicen. Añada el arroz, arándanos y canela y mezcle para cubrir. Agregue el caldo y lleve a ebullición. Disminuya el fuego a bajo, tape y hierva a fuego lento de 15 a 20 minutos, hasta que el arroz esté suave y todo el líquido se haya absorbido.

5. Para preparar la salsa de yogurt verde, coloque 1/4 taza (60 ml) de yogurt y las hierbas en un procesador de alimentos pequeño y muela hasta obtener una pasta gruesa. Agregue el yogurt restante, aceite y sal; muela hasta integrar.

6. Ase el cordero de 2 a 3 minutos de cada lado, hasta que esté cocido al término deseado. Pase a un plato, tape y deje reposar en un lugar cálido durante 5 minutos.

7. Esponje el arroz con ayuda de un tenedor e integre el cilantro y las nueces. Rebane el cordero y acompañe con el pilaf y la salsa de yogurt.

# cordero con salsa verde
## y ensalada

Para esta receta usted necesitará una pierna de cordero cortada en mariposa. Pida a su carnicero que la prepare para usted.

○ Rinde 4 porciones

🕐 25 minutos

🕐 25–35 minutos

🍸 1

**SALSA VERDE**

1    taza (50 g) de hojas de perejil de hoja plana fresco

3    cucharadas de menta fresca

3    cucharadas de albahaca fresca

2    cucharadas de alcaparras, escurridas

2    dientes de ajo, finamente picados

4    filetes de anchoa

1    cucharadita de mostaza Dijon

2    cucharadas de jugo de limón amarillo recién exprimido

¼    taza (60 ml) de aceite de oliva extra virgen
     Sal y pimienta negra recién molida

**CORDERO**

2 kg (4 lb) de pierna de cordero en corte mariposa

4    cucharadas (60 ml) de aceite de oliva extra virgen
     Sal y pimienta negra recién molida

**ENSALADA DE ALUBIAS Y ALCACHOFA**

12    jitomates cereza

3    cucharadas de aceite de oliva extra virgen + el necesario para barnizar

1    lata (400 g/14 oz) de alubias, escurridas y enjuagadas

4    corazones de alcachofa, toscamente rebanados

1    diente de ajo, finamente picado

2    cucharadas de jugo de limón amarillo recién exprimido
     Sal y pimienta negra recién molida

1. **Para preparar** la salsa verde, coloque el perejil, menta, albahaca, alcaparras, ajo, anchoas, mostaza y jugo de limón en un procesador de alimentos y muela hasta obtener una pasta gruesa. Agregue gradualmente el aceite, moliendo hasta obtener un puré terso. Sazone con sal y pimienta. Pase a un tazón pequeño y reserve.

2. **Precaliente** una plancha plana sobre un asador para intemperie o interior a fuego medio-alto.

3. **Para preparar** el cordero, barnice con el aceite y sazone con sal y pimienta. Ase el cordero de 10 a 15 minutos de cada lado, hasta que esté cocido al término

deseado. Pase a un plato y extienda la salsa verde sobre la superficie. Tape y deje reposar en un lugar cálido durante 10 minutos.

4. **Para preparar** la ensalada, barnice los jitomates con el aceite y ase durante 1 ó 2 minutos, hasta que se suavicen. Coloque los jitomates, alubias, alcachofas y ajo en un tazón mediano. Rocíe con el aceite y el jugo de limón; sazone con sal y pimienta. Mezcle suavemente.

5. **Rebane** el cordero y sirva caliente acompañando con la ensalada de alubias y alcachofa.

# Verduras, Queso
## y Fruta

# hamburguesas de arroz integral y lentejas

Estas hamburguesas vegetarianas son deliciosas. Para servirlas usted necesitará un pan turco grande y grueso o un trozo de focaccia que puede cortar en seis cuadros del tamaño de una porción. Si lo prefiere, use seis bollos integrales para hamburguesa.

Rinde 6 porciones

30 minutos

1 hora

50–60 minutos

2

### HAMBURGUESAS

| | |
|---|---|
| 1 | taza (200 g) de arroz integral |
| 2 | cucharadas de aceite de oliva extra virgen |
| 1 | cebolla, finamente picada |
| 1 | diente de ajo, finamente picado |
| 2 | zanahorias, toscamente ralladas |
| 4 | tazas (100 g) de espinaca pequeña, toscamente picada |
| 2 | cucharaditas de comino molido |
| 1 | taza (150 g) de lentejas rojas de lata, escurridas |
| 1 | cucharada de tahini (pasta de ajonjolí) |
| 1 | cucharada de jalea de chile (vea página 24) o salsa cátsup picante |
| 1 | cucharada de jugo de limón amarillo recién exprimido |
| 1 | cucharada de semillas de ajonjolí |
| | Sal y pimienta negra recién molida |

### PARA COCINAR Y SERVIR

| | |
|---|---|
| 4 | cucharadas (60 ml) de aceite de oliva extra virgen |
| 1 | pan turco o focaccia grande de aproximadamente 20 x 30 cm (8 x 12 in) |
| 1 | taza (150 g) de hummus comprado o hecho en casa (vea página 38) |
| 6 | hojas de lechuga orejona |
| 2 | jitomates grandes, rebanados |
| 1 | taza (150 g) de chutney de betabel a las especias (vea página 20), para acompañar |

1. Para preparar las hamburguesas, cocine el arroz integral en agua hirviendo con sal alrededor de 40 minutos, sólo hasta que esté suave. Escurra perfectamente y reserve.

2. Caliente el aceite en una sartén grande sobre fuego medio. Agregue la cebolla y el ajo y saltee de 3 a 4 minutos, hasta que estén suaves. Añada la zanahoria, espinaca y comino; saltee alrededor de 5 minutos, hasta que la espinaca se marchite.

3. Coloque la mitad del arroz, las lentejas y el tahini en un procesador de alimentos y procese hasta obtener una pasta gruesa. Pase a un tazón mediano. Agregue la mezcla de espinaca, arroz restante, jalea de chile, jugo de limón y semillas de ajonjolí; mezcle hasta integrar. Sazone con sal y pimienta. Refrigere durante una hora.

4. Haga seis hamburguesas del mismo tamaño con la mezcla de arroz.

5. Precaliente una plancha plana sobre un asador para intemperie o interior a fuego medio.

6. Barnice la plancha con 2 cucharadas de aceite y ase las hamburguesas alrededor de 5 minutos de cada lado, hasta que estén totalmente cocidas.

7. Corte el pan en seis porciones y rebane cada porción transversalmente a la mitad. Barnice con las 2 cucharadas restantes de aceite y ase ligeramente.

8. Unte el hummus sobre las bases de pan y cubra con la lechuga y el jitomate. Coloque una hamburguesa sobre la superficie, agregue un poco de chutney de betabel y cubra con la tapa. Sirva caliente.

# hamburguesas de frijol y verduras

Si no tiene tiempo suficiente para asar pimientos frescos, use pimientos de lata o frasco bien escurridos en vez de asar pimientos frescos. Si no encuentra la mezcla de cuatro frijoles de lata, use frijoles rojos, bayos o cualquier otro tipo de frijol.

Rinde 4 porciones

20 minutos

30 minutos

18–20 minutos

2

### HAMBURGUESAS

| | |
|---|---|
| 1 | lata (400 g/14 oz) de mezcla de cuatro frijoles, escurridos y enjuagados |
| 1 | huevo grande, ligeramente batido |
| 2 | calabacitas (courgettes) medianas, toscamente ralladas |
| 1 | zanahoria mediana, sin piel y toscamente rallada |
| 1 | cucharadita de romero seco |
| $^1/_4$ | taza de hojas de albahaca fresca, toscamente picada |
| 1 | cucharada de jugo de limón amarillo recién exprimido |
| 1 | taza (60 g) de migas frescas de pan |
| $^1/_4$ | taza (30 g) de harina de trigo (simple), para espolvorear |

### PARA COCINAR Y SERVIR

| | |
|---|---|
| 1 | pimiento (capsicum) rojo |
| 2 | cucharadas de aceite de oliva extra virgen |
| 4 | bollos con superficie enharinada estilo inglés o bollos para hamburguesa, partidos transversalmente a la mitad |
| $^1/_2$ | taza (120 g) de mayonesa comprada o hecha en casa (vea página 58) |
| 1 $^1/_2$ | taza (40 g) de hojas de espinaca pequeña |
| 1 | cebolla morada, partida en anillos delgados |

1. Para preparar las hamburguesas, coloque la mezcla de frijoles con el huevo en un procesador de alimentos y procese hasta obtener una pasta gruesa. Pase a un tazón mediano, Agregue la calabacita, zanahoria, romero, albahaca, limón y pan molido y mezcle hasta integrar. Haga cuatro hamburguesas del mismo tamaño. Espolvoree con harina, cubra y refrigere durante 30 minutos.

2. Precaliente un asador para intemperie o interior a fuego alto y una plancha plana sobre un asador para intemperie o interior a fuego medio-alto.

3. Ase el pimiento hasta que la piel esté ampollada y tatemada. Coloque en un tazón mediano, cubra con plástico adherente y deje enfriar ligeramente. Retire la piel y las semillas del pimiento y rebane longitudinalmente.

4. Rocíe un poco de aceite sobre la plancha plana y cocine las hamburguesas de 4 a 5 minutos de cada lado, hasta que estén doradas y totalmente cocidas.

5. Ase ligeramente los bollos.

6. Unte mayonesa sobre las bases de los bollos. Cubra con la espinaca y cebolla. Coloque encima las hamburguesas y el pimiento. Cubra con las tapas y sirva caliente.

# sándwiches asados de verduras

Este sándwich es un delicioso tentempié o almuerzo. Varíe el queso de acuerdo a lo que tenga en su refrigerador; también se puede usar queso cremoso de cabra, queso crema o queso mascarpone.

Rinde 2 porciones

30 minutos

20 minutos

1

| | | | |
|---|---|---|---|
| ¼ | taza (60 ml) de mayonesa comprada o hecha en casa (vea página 58) | 1 | calabacita (courgette) mediana, partida longitudinalmente en rebanadas delgadas |
| 3 | dientes de ajo, finamente picados | 1 | cebolla morada, rebanada |
| 1 | cucharada de jugo de limón amarillo recién exprimido | 2 | trozos (10 x 15 cm/4 x 6 in) de focaccia, partida horizontalmente |
| 2 | cucharadas de aceite de oliva extra virgen | ½ | taza (60 g) de queso feta, desmoronado |
| 1 | pimiento (capsicum) rojo | | |

1. Mezcle la mayonesa, ajo y jugo de limón en un tazón pequeño. Reserve en el refrigerador.

2. Precaliente una plancha plana sobre un asador de intemperie o interior a fuego medio-alto.

3. Barnice las verduras por ambos lados con el aceite. Ase los pimientos, calabacita y cebolla de 3 a 5 minutos de cada lado, hasta que estén suaves. Reserve en un lugar cálido.

4. Unte la mitad de la mezcla de mayonesa sobre las bases de dos trozos de focaccia. Espolvoree con el queso. Coloque sobre la plancha acomodando el lado del queso hacia arriba y ase de 3 a 4 minutos. Coloque también las tapas de la focaccia sobre la plancha, con el lado cortado hacia arriba y ase hasta que estén totalmente calientes y se les hayan marcado las líneas de la parrilla.

5. Retire la focaccia de la plancha y cubra con las verduras. Cubra con las tapas y sirva calientes.

Si a usted le gustó esta receta, también le gustarán:

**sándwiches** de pollo schnitzel

**hamburguesas** de frijol y verduras

112

276

# ensalada de queso de cabra y ciruela

Sirva esta elegante y deliciosa ensalada como botana.

Rinde 4 porciones

30 minutos

8-12 minutos

2

**ADEREZO**

2 cucharadas de vinagre balsámico

1 cucharada de miel de abeja

1 cucharadita de mostaza Dijon

5 cucharadas de aceite de oliva extra virgen

Sal y pimienta negra recién molida

**ENSALADA**

1 baguette (hogaza de pan francés) pequeña, rebanada en rodajas de 1 cm (1/2 in) de grueso

4 cucharadas (60 ml) de aceite de oliva extra virgen

6 ciruelas sangría, partidas a la mitad y sin hueso

1 barra (200 g/7 oz) de queso de cabra francés, rebanado en rodajas de 1 cm ($1/2$ in) de grueso

Pimienta negra recién molida

1 taza (50 g) de lechuga rizada

1 taza (50 g) de hojas pequeñas de betabel

$1/2$ taza (25 g) de hojas de perejil de hoja plana

$1/4$ taza (40 g) de almendras asadas

1. Precaliente el asador de su horno a fuego medio-alto.

2. Precaliente un asador para intemperie o interior a fuego medio-alto.

3. Para preparar el aderezo, mezcle el vinagre balsámico, miel de abeja y mostaza en un tazón pequeño. Integre gradualmente el aceite, batiendo, y sazone con sal y pimienta.

4. Para preparar la ensalada, coloque los panes sobre una charola para hornear y rocíe con 2 cucharadas de aceite. Ase debajo del asador durante 1 ó 2 minutos de cada lado, hasta que estén dorados y crujientes.

5. Rocíe las ciruelas con las 2 cucharadas restantes de aceite y cocine sobre la plancha de 2 a 3 minutos de cada lado, hasta que estén suaves y se les hayan marcado las líneas de la parrilla.

6. Coloque las rebanadas de queso sobre el pan y ase (debajo del asador del horno) durante 1 ó 2 minutos, hasta que el queso empiece a derretirse.

7. Mezcle las ciruelas, lechuga rizada, hojas de betabel, perejil y almendras en una ensaladera. Vierta el aderezo sobre la ensalada y mezcle para cubrir.

8. Sirva de inmediato, decorando con las rebanadas de pan tostado con queso de cabra.

# ensalada de hinojo, achicoria y naranja asados

Sirva esta ensalada como botana o guarnición en invierno cuando es temporada de hinojo, achicoria y naranjas. Ésta es una manera saludable de protegerse contra gripas y resfriados durante el invierno.

Rinde 4 porciones

15 minutos

15 minutos

1

**ENSALADA**

$\frac{1}{3}$ taza (90 ml) de aceite de oliva extra virgen

2 cabezas de achicoria roja, limpia y partida longitudinalmente en cuartos

1 bulbo de hinojo grande, limpio y partido longitudinalmente en rebanadas gruesas, reservando sus frondas

2 naranjas grandes, sin piel y rebanadas toscamente en rodajas

Sal y pimienta negra recién molida

$\frac{1}{2}$ taza (50 g) de aceitunas negras

**ADEREZO**

2 cucharadas de vinagre de vino tinto

1 cucharadita de mostaza sin semilla

5 cucharadas de aceite de oliva extra virgen

Sal y pimienta negra recién molida

1. Precaliente un asador para intemperie o interior a fuego medio-alto.

2. Rocíe con aceite la achicoria, hinojo y naranjas y sazone con sal y pimienta. Ase la achicoria alrededor de 5 minutos de cada lado, hasta que esté suave y dorada. Ase el hinojo de 4 a 5 minutos de cada lado, hasta que esté suave y se le hayan marcado las líneas de la parrilla. Ase las rebanadas de naranja de 1 a 2 minutos de cada lado, hasta que se doren y estén calientes. Coloque en una ensaladera mediana y agregue las aceitunas.

3. Para preparar el aderezo, mezcle el vinagre y la mostaza en un tazón pequeño. Integre gradualmente el aceite, batiendo, y sazone con sal y pimienta.

4. Rocíe el aderezo sobre la ensalada y sirva caliente.

Si a usted le gustó esta receta, también le gustarán:

**ensalada de pulpos** pequeños marinados

76

**pollo asado** con ensalada César

130

**ensalada de carne** de res sellada estilo asiático

178

# verduras y queso asado con aderezo de toronja

Esta ensalada es un almuerzo ligero o tentempié saludable. El queso halloumi se puede conseguir fácilmente pero si no lo encuentra, puede sustituir por un queso de su localidad que se pueda asar.

- Rinde 4 porciones
- 30 minutos
- 1 hora
- 30 minutos

- 1

### ADEREZO

1 taza (250 ml) de crème fraîche o crema ácida baja en grasa

4 cucharadas de albahaca fresca, finamente picada

½ toronja roja, sin piel y finamente picada, con su jugo
Sal y pimienta negra recién molida

### VERDURAS

½ taza (125 ml) de aceite de oliva extra virgen

1 pimiento (capsicum) rojo, sin semillas y partido en cuartos

1 pimiento (capsicum) amarillo, sin semillas y partido en cuartos

1 pimiento (capsicum) verde, sin semillas y partido en cuartos

1 berenjena (aubergine) mediana, con piel y rebanada

1 calabacita (courgette) mediana, rebanada longitudinalmente

1 trozo (250 g/8 oz) de queso halloumi o mozzarella
Hojas de albahaca fresca, para decorar

1. Para preparar el aderezo, bata la crème fraîche, albahaca y toronja en un tazón hasta integrar por completo. Sazone con sal y pimienta. Reserve.

2. Precaliente un asador o una plancha plana para asar sobre fuego medio-alto.

3. Para preparar las verduras, barnice con aceite por ambos lados. Ase los pimientos, berenjena y calabacita alrededor de 3 minutos de cada lado, hasta que estén suaves. Retire del asador y reserve.

4. Corte el queso halloumi en ocho rebanadas. Barnice la plancha con aceite. Agregue el halloumi y ase alrededor de 30 segundos de cada lado, hasta que se le marquen rayas doradas de la parrilla sobre ambos lados.

5. Para servir, coloque una rebanada de queso halloumi sobre cada uno de cuatro platos y apile rebanadas alternadas de las verduras sobre la superficie. Cubra con otra rebanada del queso halloumi. Sirva el aderezo a un lado de la pila de verduras. Decore con hojas de albahaca fresca.

Si a usted le gustó esta receta, también le gustarán:

**sándwiches** asados de verduras

278

**ensalada de hinojo,** achicoria y naranja asados

282

**halloumi asado** con compota de fruta seca

298

# elote asado con mantequilla de chile y cilantro

El elote es una buena fuente de fibra dietética, vitamina B1, ácido fólico, vitamina C y muchos otros elementos trazos que se cree que ayudan a prevenir enfermedades del corazón y cáncer.

Rinde 4 porciones

15 minutos

10 minutos

1

**ELOTES**

4 elotes grandes (mazorcas)

**MANTEQUILLA DE CHILE Y CILANTRO**

250 g (8 oz) de mantequilla, a temperatura ambiente

2 cucharadas de cilantro fresco, finamente picado

2 chiles rojos grandes, sin semillas y finamente picados

2 hojas de limón kaffir, finamente picadas

½ cucharadita de pimienta negra recién molida

1. Precaliente un asador para intemperie o interior a fuego medio-alto.

2. Para preparar los elotes, separe las cáscaras dejándolas adheridas a su base. Retire y deseche las hebras.

3. Para preparar la mantequilla de chile y cilantro, mezcle la mantequilla, cilantro, chiles, hojas de limón y pimienta en un tazón mediano y bata con ayuda de una cuchara de madera hasta integrar.

4. Unte la mantequilla sazonada sobre los elotes y envuelva de nuevo con las cáscaras.

5. Ase los elotes alrededor de 10 minutos, volteando ocasionalmente, hasta que estén suaves. Sirva calientes.

Si a usted le gustó esta receta, también le gustarán:

**verduras y queso asado** con aderezo de toronja

284

**hongos asados** con pesto y queso fontina

288

**berenjena asada** con salsa miso

292

# hongos asados con pesto y queso fontina

El queso fontina es un queso italiano hecho con leche de vaca. Es un queso excelente para asar. Si lo prefiere puede sustituir por un queso para asar de su localidad.

 Rinde 2-4 porciones

🍲 10 minutos

🔥 6–8 minutos

🍸 1

**4** hongos planos grandes, sin tallos

**2** cucharadas de aceite de oliva extra virgen

**6** cucharadas (90 ml) de pesto comprado o hecho en casa (vea página 36)

**150 g (5 oz) de queso fontina, partido en rebanadas delgadas**

1. Precaliente una plancha plana sobre un asador para intemperie o interior a fuego medio-alto.

2. Rocíe los botones de los hongos con el aceite.

3. Extienda el pesto dentro de los botones de los hongos y coloque rebanadas de queso sobre la superficie.

4. Ase los hongos de 6 a 8 minutos, con el lado relleno hacia arriba, hasta que estén suaves y el queso se haya derretido. Sirva calientes.

Si a usted le gustó esta receta, también le gustarán:

**verduras y queso asado** con aderezo de toronja

284

**berenjena asada** a la parmesana

290

**halloumi asado** con compota de fruta seca

298

# berenjena asada a la parmesana

Aquí presentamos una manera original para preparar esta receta italiana clásica.
Si lo desea, puede espolvorear con un poco de queso parmesano recién rallado antes de asar.

Rinde 4 porciones

20 minutos

7–10 minutos

1

### BERENJENA

3 tazas (180 g) de migas frescas de pan

2 cucharadas de albahaca fresca, finamente picada

2 cucharadas de queso parmesano, toscamente rallado

½ taza (75 g) de harina de trigo (simple)

Sal y pimienta negra recién molida

1 huevo grande

3 cucharadas de leche

3 cucharadas de aceite de oliva extra virgen

2 berenjenas (aubergines) medianas, con piel, partidas longitudinalmente en rebanadas de 1.5 cm (²/₃ in) de grueso

### PARA COCINAR Y SERVIR

1 taza (250 ml) de salsa de jitomate (vea página 54)

350 g (12 oz) de queso ricotta fresco, escurrido

2 cucharadas de albahaca fresca, finamente picada

1. Para preparar la berenjena, mezcle las migas de pan, albahaca y queso parmesano en un tazón mediano. Coloque la harina en otro tazón mediano y sazone con sal y pimienta. Bata el huevo y la leche en otro tazón mediano.

2. Sumerja las rebanadas de berenjena, una a la vez, en la harina, posteriormente en el huevo y por último cubra con las migas de pan, presionando la superficie suavemente para que se le adhieran. Pase a un plato y reserve.

3. Precaliente una plancha plana sobre un asador para intemperie o interior a fuego medio.

4. Precaliente el asador de su horno a fuego medio-alto.

5. Rocíe la plancha con aceite y cocine la berenjena de 2 a 3 minutos de cada lado, hasta que esté suave. Escurra sobre toallas de papel.

6. Acomode la berenjena sobre una charola para hornear y usando una cuchara cubra cada rebanada con salsa de jitomate. Cubra con queso ricotta y espolvoree con albahaca. Coloque debajo del asador (de su horno) y cocine de 3 a 4 minutos, hasta que se doren y el queso se derrita. Sirva calientes.

Si a usted le gustó esta receta, también le gustarán:

**hongos asados** con pesto y queso fontina

288

**berenjena asada** con salsa miso

292

**higos rellenos de queso gorgonzola** y envueltos en prosciutto

296

# berenjena asada con salsa miso

El caldo dashi se hace de alga hervida. Se puede conseguir en polvo o gránulos. La pasta miso blanca se hace con soya, arroz o cebada fermentada; y el mirin y el sake son vinos de arroz japoneses. Todos estos productos se pueden conseguir en las tiendas especializadas en alimentos asiáticos.

Rinde 4 porciones

20 minutos

30 minutos

10–20 minutos

1

### BERENJENA

| | |
|---|---|
| 2 | berenjenas (aubergines) medianas |
| | Sal |
| 2 | cucharadas de aceite vegetal |
| 1 | cucharada de semillas de ajonjolí, ligeramente tostadas |
| | Arroz al vapor, para acompañar |

### SALSA MISO DULCE

| | |
|---|---|
| $3/4$ | taza (180 ml) de caldo dashi |
| $1/2$ | taza (150 g) de pasta miso blanca |
| 3 | cucharadas de azúcar |
| 3 | cucharadas de mirin |
| 3 | cucharadas de sake |

1. Para preparar las berenjenas, corte longitudinalmente a la mitad y marque su carne haciendo un diseño a cuadros. Coloque sobre un plato grande con el lado marcado hacia arriba y espolvoree con sal. Reserve durante 30 minutos.

2. Para preparar la salsa miso dulce, mezcle el caldo dashi, pasta miso, azúcar, mirin y sake en una olla pequeña sobre fuego medio y lleve a ebullición. Disminuya el fuego a bajo y hierva a fuego lento de 5 a 10 minutos, hasta que espese. Reserve.

3. Sacuda la sal de las berenjenas y seque con toallas de papel.

4. Precaliente una plancha plana sobre un asador para intemperie o interior sobre fuego medio-bajo.

5. Precaliente el asador de su horno a fuego medio-alto.

6. Rocíe la berenjena con el aceite y ase sobre la plancha plana de 5 a 10 minutos de cada lado (dependiendo del tamaño de la berenjena), hasta que la carne esté muy suave.

7. Acomode la berenjena con el lado cortado hacia arriba sobre una charola para hornear. Usando una cuchara coloque la salsa miso dulce sobre la superficie y cocine debajo del asador de su horno de 3 a 4 minutos, hasta que se dore. Espolvoree con las semillas de ajonjolí y sirva caliente acompañando con el arroz.

Si a usted le gustó esta receta, también le gustarán:

**elote asado** con mantequilla de chile y cilantro

286

**hongos asados** con pesto y queso fontina

288

**berenjena asada** a la parmesana

290

# frituras de calabacita y maíz

Sirva estas pequeñas frituras recién salidas de la plancha y acompañe con bastante salsa tzatziki para bañar la superficie. Las frituras de verduras tienen un alto contenido de vitaminas y el tzatziki hecho a base de yogurt es rico en calcio.

| | | |
|---|---|---|
| Rinde 4 porciones | | |
| 15 minutos | | |
| 6–8 minutos | | |
| 1 | | |

| 2 | calabacitas (courgettes) medianas |
| 1 | elote (mazorca) fresco, desgranado |
| ½ | cebolla morada, partida en rebanadas delgadas |
| | 90 g (3 oz) de queso feta, desmoronado |
| 2 | cucharadas de perejil fresco, finamente picado |
| 2 | cucharadas de cilantro fresco, finamente picado |

| 2 | cucharadas de menta fresca, finamente picada |
| ½ | taza (75 g) de harina de trigo (simple) |
| | Sal y pimienta negra recién molida |
| 2 | huevos grandes, ligeramente batidos |
| 1 | cucharada de jalea de chile |
| 2 | cucharadas de aceite vegetal |
| 2 | tazas (500 ml) de tzatziki para acompañar (vea página 34) |

1. Ralle toscamente la calabacita, coloque en una toalla de cocina limpia y exprima para retirar el exceso de humedad.

2. Precaliente una plancha plana sobre un asador para intemperie o interior a fuego medio.

3. Coloque las calabacitas, elote, cebolla, queso feta, perejil, cilantro y menta en un tazón mediano. Agregue la harina y sazone con sal y pimienta. Mezcle hasta integrar. Mezcle el huevo y la jalea de chile en un tazón pequeño. Agregue a la mezcla de calabacita y revuelva sólo hasta integrar.

4. Rocíe el aceite sobre la plancha. Coloque cucharadas copeteadas de la mezcla de calabacita sobre la plancha y aplane ligeramente. Cocine de 3 a 4 minutos de cada lado, hasta que estén doradas y totalmente cocidas.

5. Sirva calientes acompañando con el tzatziki.

Si a usted le gustó esta receta, también le gustarán:

**elote asado** con mantequilla de chile y cilantro
286

**berenjena asada** a la parmesana
290

# higos rellenos de queso gorgonzola
## y envueltos en prosciutto

Estos deliciosos higos son una maravillosa botana. Para variar, experimente envolviéndolos con salami, pancetta o tocino.

 Rinde 4 porciones

10 minutos

3–5 minutos

| | |
|---|---|
| 8 | higos frescos |
| 125 g (4 oz) de queso gorgonzola, desmoronado | |
| 4 | rebanadas de prosciutto o tocino, partidas longitudinalmente a la mitad |

| | |
|---|---|
| 2 | tazas (50 g) de arúgula (rocket) |
| 3 | cucharadas de vinagre balsámico |

1

1. Precaliente el asador de su horno a fuego medio-alto.

2. Corte una cruz en la superficie de los higos y abra ligeramente. Coloque una cucharada pequeña de queso gorgonzola en el centro de cada higo. Envuelva con media rebanada de prosciutto.

3. Coloque los higos sobre una charola para hornear y ase de 3 a 5 minutos, hasta que el queso se derrita y los higos se doren.

4. Para servir, coloque los higos sobre la arúgula y rocíe con vinagre balsámico. Sirva caliente.

Si a usted le gustó esta receta, también le gustarán:

**berenjena asada** con salsa miso

292

**frituras** de calabacita y maíz

294

# halloumi asado con compota de fruta seca

El queso halloumi es originario de Chipre pero es muy popular en Grecia y toda la zona del Medio Oriente y se puede conseguir fácilmente en todo el mundo. Si no lo encuentra lo puede sustituir con un queso para asar de su localidad.

Rinde 4 porciones

15 minutos

15-20 minutos

1

**COMPOTA DE FRUTA SECA**

1 ½ taza (375 ml) de agua

⅓ taza (70 g) de azúcar

1 cucharada de jugo de limón amarillo recién exprimido

½ raja de canela, troceada

2 vainas de cardamomo, abiertas

½ anís estrella

3 granos de pimienta negra entera

2 clavos de olor

1 tira de cáscara de limón amarillo

¾ taza (135 g) de higos secos, rebanados

½ taza (90 g) de chabacanos secos, partidos en cuartos

2 cucharadas de uvas pasas

**QUESO**

2 cucharadas de aceite de oliva extra virgen

2 paquetes (250 g/8 oz) de queso halloumi, escurrido y toscamente rebanado

1. Para preparar la compota de fruta seca, mezcle el agua, azúcar, jugo de limón, canela, cardamomo, anís estrella, granos de pimienta, clavo de olor y cáscara de limón en una olla pequeña y lleve a ebullición. Disminuya el fuego a bajo, agregue la fruta seca y hierva a fuego lento de 10 a 15 minutos, hasta que la fruta esté suave y casi todo el líquido se haya absorbido. Pase a un tazón pequeño y deje enfriar ligeramente.

2. Precaliente un asador para intemperie o interior a fuego medio.

3. Para preparar el queso, barnice el queso halloumi con el aceite y ase durante 1 ó 2 minutos de cada lado, hasta que esté caliente y se le hayan marcado las líneas de la parrilla.

4. Sirva el queso halloumi caliente acompañando con la compota de fruta seca.

Si a usted le gustó esta receta, también le gustarán:

**verduras y queso asado** con aderezo de toronja

284

**berenjena asada** a la parmesana

290

# queso y polenta asados

Hacer polenta de manera tradicional toma entre 45 y 50 minutos de trabajo duro. Le sugerimos que use alguna de las muchas variedades de polenta "instantánea" que existen actualmente. El tiempo de cocción por lo general es de 10 a 15 minutos; siga las instrucciones del paquete.

Rinde 6 porciones

20 minutos

2 horas

15–20 minutos

2

### POLENTA

| | |
|---|---|
| 4 | tazas (1 litro) de caldo de pollo |
| 1 | taza (150 g) de polenta instantánea |
| ¼ | taza (30 g) de queso parmesano recién rallado |
| ¼ | taza (30 g) de queso provolone, finamente rallado |
| ¼ | taza (30 g) de queso mozzarella, toscamente rallado |
| 2 | cucharadas de mantequilla |

Sal y pimienta negra recién molida

### PARA COCINAR Y SERVIR

| | |
|---|---|
| 2 ó 3 | cucharadas de aceite de oliva extra virgen |
| 2 | tazas (100 g) de hojas de arúgula (rocket) |
| 3 | tazas de salsa de jitomate y pimiento asado (vea página 42), para acompañar |
| 1 | taza (200 g) de pesto comprado o hecho en casa (vea página 36), para acompañar |

1. Para preparar la polenta, ponga a hervir el caldo de pollo en una a olla mediana. Integre gradualmente la polenta, batiendo constantemente para evitar que se formen grumos. Cocine sobre fuego medio, revolviendo continuamente con ayuda de una cuchara de madera de 10 a 15 minutos (o de acuerdo a las instrucciones del paquete), hasta que la polenta ya no tenga gránulos y se separe de los lados de la olla a medida que usted la mezcla. Agregue los quesos y la mantequilla y mezcle hasta que se derritan e integren. Sazone con sal y pimienta.

2. Forre una sartén de 20 x 30 cm (8 x 12 in) con papel encerado para hornear y engrase ligeramente con mantequilla.

Vierta la polenta en la sartén, cubra con papel encerado para hornear y aplane la superficie. Refrigere alrededor de 2 horas, hasta que se cuaje.

3. Precaliente un asador para intemperie o interior a fuego medio-alto.

4. Corte la polenta al gusto, en rebanadas o cuñas. Rocíe con el aceite y ase de 2 a 3 minutos de cada lado, hasta que esté caliente y se le hayan marcado las líneas de la parrilla.

5. Sirva caliente acompañando con la arúgula, salsa y pesto.

Si a usted le gustó esta receta, también le gustarán:

**ensalada de queso** de cabra y ciruela

280

**verduras y queso asado** con aderezo de toronja

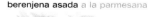

284

**berenjena asada** a la parmesana

290

# mango asado con miel de limón y jengibre

Los deliciosos mangos son una buena fuente de vitaminas A y C, potasio y beta-carotenos. También contienen enzimas que ayudan a la digestión.

Rinde 4 porciones

10 minutos

10 minutos

1

**MIEL DULCE DE LIMÓN Y JENGIBRE**

**Jugo de 6 limones verdes recién exprimidos**

¼ **taza (50 g) de piloncillo (o azúcar de palma sin procesar), toscamente rallado o azúcar morena clara**

2 **hojas de limón kaffir, partidas en rebanadas delgadas**

1 **trozo (1 cm/ ½ in) de jengibre, sin piel y rebanado**

**MANGOS**

2 **mangos maduros firmes**

2 **cucharadas de mantequilla derretida, para barnizar**

1. Para preparar la miel dulce de limón y jengibre, mezcle el jugo de limón, piloncillo, hojas de limón kaffir y jengibre en una olla pequeña sobre fuego medio y lleve a ebullición. Disminuya el fuego a bajo y hierva a fuego lento alrededor de 5 minutos, hasta obtener la consistencia de una miel. Cuele la mezcla a través de un colador de malla fina.

2. Precaliente un asador para intemperie o interior a fuego medio-alto.

3. Rebane los mangos a ambos lados del hueso para obtener dos mitades. Marque la carne haciendo un diseño a cuadros. Barnice con la mantequilla derretida y ase, primero con el lado cortado hacia abajo, alrededor de 3 minutos de cada lado, hasta que estén calientes y se les hayan marcado las líneas de la parrilla.

4. Sirva el mango caliente rociado con la miel dulce de limón y jengibre.

Si a usted le gustó esta receta, también le gustarán:

**peras asadas con** dukkah de yogurt de agua de rosas y pistache

306

**piña asada** con salsa de coco y ron

308

**duraznos asados** con sorbete de frambuesa

310

# plátanos asados con salsa de chile y chocolate

Los plátanos son una buena fuente de vitaminas B6 y C así como de potasio y magnesio. En esta receta sugerimos que use los plátanos pequeños, como los dominicos, pero puede usar cualquier plátano pequeño.

Rinde 4 porciones

10 minutos

10 minutos

1

**SALSA DE CHILE Y CHOCOLATE**

| | |
|---|---|
| 1 | taza (250 ml) de crema descremada (light) |
| 2 | chiles rojos secos pequeños (de árbol) |
| ¼ | raja de canela |
| 125 g (4 oz) de chocolate oscuro (70% cacao), toscamente picado |

**PLÁTANOS**

| | |
|---|---|
| 4 | plátanos dominicos maduros y firmes, sin piel y partidos longitudinalmente a la mitad |
| 2 | cucharadas de mantequilla derretida |
| 1 | cucharada de azúcar morena clara |
| ½ | cucharadita de canela molida Helado de vainilla, para acompañar |

1. Para preparar la salsa de chile y chocolate, mezcle la crema, chiles y canela en una olla pequeña y hierva a fuego lento durante 5 minutos. Cuele a través de un colador de malla fina colocado sobre un tazón pequeño, desechando los sólidos. Agregue el chocolate y mezcle hasta obtener una mezcla tersa. Mantenga caliente.

2. Precaliente una plancha plana sobre un asador para intemperie o interior a fuego medio-alto.

3. Para preparar los plátanos, barnícelos con la mantequilla derretida. Mezcle el azúcar y canela y espolvoree sobre los plátanos. Ase de 2 a 3 minutos de cada lado, hasta que se caramelicen y doren.

4. Sirva caliente acompañando con helado y la salsa de chile y chocolate.

Si a usted le gustó esta receta, también le gustarán:

**mango asado** con miel de limón y jengibre

302

**toronja asada** con azúcar de vainilla

312

**hotcakes** de moras azules y canela

314

# peras asadas con dukkah de
## yogurt de agua de rosas y pistache

Las peras contienen abundante fibra dietética y son una buena fuente de vitamina C. En esta receta se mezclan con yogurt y nueces formando un postre muy saludable.

Rinde 4 porciones

15 minutos

7–10 minutos

1

### DUKKAH DE PISTACHE

| | |
|---|---|
| 1 | cucharadita de semillas de cilantro |
| 1 | cucharadita de semillas de cardamomo |
| ½ | cucharadita de granos enteros de pimienta negra |
| ½ | taza (80 g) de pistaches, finamente picados |
| 2 | cucharadas de semillas de ajonjolí, ligeramente tostadas |

### YOGURT DE AGUA DE ROSAS

| | |
|---|---|
| ¾ | taza (180 g) de yogurt natural |
| 2 | cucharaditas de agua de rosas |

### PERAS

| | |
|---|---|
| 4 | peras maduras |
| 2 | cucharadas de mantequilla derretida, para barnizar |
| 2 ó 3 | cucharadas de miel de abeja, tibia |

1. Precaliente un asador para intemperie o interior a fuego medio-alto.

2. Para preparar el dukkah de pistache, saltee las semillas de cilantro y cardamomo con los granos de pimienta en una sartén pequeña sobre fuego medio alrededor de un minuto, hasta que aromaticen. Pase a un mortero, molcajete con mano o molino de especias y muela hasta obtener un polvo grueso. Mezcle las especias, pistaches y semillas de ajonjolí en un tazón pequeño y reserve.

3. Para preparar el yogurt de agua de rosas, mezcle el yogurt con el agua de rosas en un tazón pequeño. Cubra y refrigere hasta el momento de usar.

4. Para preparar las peras, córtelas longitudinalmente a la mitad y, usando una cucharita o utensilio para hacer bolas de melón, retire el corazón.

5. Barnice las peras con la mantequilla y áselas de 2 a 3 minutos de cada lado, hasta que estén suaves y se les hayan marcado las líneas de la parrilla.

6. Sirva las peras calientes acompañando con una cucharada de yogurt de agua de rosas. Rocíe con la miel de abeja y espolvoree con el dukkah.

Si a usted le gustó esta receta, también le gustarán:

**piña asada** con salsa de coco y ron

308

**duraznos asados** con sorbete de frambuesa

310

**toronja asada** con azúcar de vainilla

312

# piña asada con salsa de coco y ron

La piña fresca es una buena fuente de vitaminas B6 y C así como de manganeso y cobre. Contiene enzimas que se cree que tienen propiedades anti inflamatorias.

Rinde 4 porciones

15 minutos

7–10 minutos

| | | |
|---|---|---|
| $^1/_2$ | taza (125 ml) de crema de coco | |
| 2 | cucharadas de azúcar morena clara | |
| 2 | cucharadas de ron añejo | |

| | |
|---|---|
| 1 | piña madura |
| 2 ó 3 | cucharadas de mantequilla derretida, para barnizar |
| | Helado de coco, para acompañar |

1

1. Precaliente un asador para intemperie o interior a fuego medio-alto.

2. Mezcle la crema de coco, azúcar morena y ron en una olla mediana sobre fuego medio y lleve a ebullición. Disminuya el fuego a bajo y hierva a fuego lento alrededor de 5 minutos, hasta que espese ligeramente. Reserve.

3. Retire la cáscara de la piña y rebane en rodajas de 2 cm (3/4 in) de grueso.

4. Barnice la piña con la mantequilla y ase de 2 a 3 minutos de cada lado, hasta que se caramelice y se le hayan marcado las líneas de la parrilla.

5. Sumerja las rodajas de piña en la salsa hasta cubrir.

6. Sirva caliente acompañando con helado de coco y la salsa restante.

Si a usted le gustó esta receta, también le gustarán:

**mango asado** con miel de limón y jengibre

302

**peras asadas** con dukkah de yogurt de agua de rosas y pistache

306

**duraznos asados** con sorbete de frambuesa

310

# duraznos asados
## con sorbete de frambuesa

Sirva este saludable y refrescante postre durante los meses cálidos del verano, cuando los duraznos están en su mejor temporada.

Rinde 4 porciones

20 minutos

3 horas

10 minutos

2

**SORBETE DE FRAMBUESA**

$\frac{1}{3}$     taza (70 g) de azúcar
$\frac{1}{4}$     taza (60 ml) de agua
500 g (1 lb) de frambuesas
2     cucharadas de jugo de limón amarillo recién exprimido

**DURAZNOS**

2     cucharadas de mantequilla derretida

$\frac{1}{2}$     cucharadita de pasta de vainilla
4     duraznos maduros firmes, partidos a la mitad y sin hueso
3     cucharadas de hojuelas de almendra, ligeramente tostadas

1. Para preparar el sorbete de frambuesa, coloque el azúcar y el agua en una olla pequeña sobre fuego medio y lleve a ebullición. Retire del fuego y deje enfriar.

2. Coloque las frambuesas y el jugo de limón en un procesador de alimentos y procese hasta obtener un puré. Pase a través de un colador de malla fina y deseche las semillas. Agregue el jarabe de azúcar y mezcle hasta integrar. Refrigere hasta que esté frío.

3. Vierta el líquido de frambuesa en una máquina para preparar helado y mezcle siguiendo las instrucciones del fabricante, hasta que se congele.

4. Pase a un refractario y congele durante 3 horas o hasta el momento de usar.

5. Precaliente un asador para intemperie o interior a fuego medio-alto.

6. Mezcle la mantequilla y la pasta de vainilla en un tazón pequeño.

7. Barnice los duraznos con la mantequilla de vainilla y ase, con el lado cortado hacia abajo primero, de 2 a 3 minutos de cada lado, hasta que estén ligeramente suaves y se les hayan marcado las líneas de la parrilla.

8. Para servir, espolvoree los duraznos con almendras tostadas y sirva acompañando con una bola de sorbete de frambuesa.

Si a usted le gustó esta receta, también le gustarán:

**plátanos asados con** salsa de chile y chocolate

304

**piña asada** con salsa de coco y ron

308

**toronja asada** con azúcar de vainilla

312

# toronja asada
## con azúcar de vainilla

Hemos elegido la variedad de toronja roja para esta receta principalmente porque se ve muy bonita cuando se sirve. Las toronjas son una buena fuente de vitamina C y se cree que su consumo regular ayuda a disminuir el colesterol.

 Rinde 4 porciones

🕐 10 minutos

🔥 3-4 minutos

$\frac{1}{3}$ taza (70 g) de azúcar superfina (caster)

$\frac{1}{2}$ cucharadita de pasta de vainilla

2 toronjas rojas

2 ó 3 cucharadas de mantequilla, derretida

🍸 1

1. Precaliente una plancha plana sobre un asador para intemperie o interior a fuego medio-alto.

2. Coloque el azúcar y la vainilla en un procesador de alimentos y procese hasta integrar. Pase a un tazón mediano.

3. Corte la toronja transversalmente a la mitad y sumerja, con el lado cortado había abajo, sobre el azúcar de vainilla.

4. Rocíe la plancha con la mantequilla derretida y ase las mitades de toronja, con el lado cortado hacia abajo de 3 a 4 minutos, hasta que se doren y caramelicen.

5. Sirva de inmediato.

Si a usted le gustó esta receta, también le gustarán:

**mango asado** con miel de limón y jengibre

302

**duraznos asados** con sorbete de frambuesa

310

# hotcakes de moras azules
## y canela

Sirva estos hotcakes para el desayuno o almuerzo o como un postre para una reunión familiar.

Rinde 4 porciones

15 minutos

10–15 minutos

2

**CREMA DE CANELA**

1    taza (60 ml) de crema baja en grasa

1    cucharada de azúcar glass

½    cucharadita de canela molida

½    taza (125 g) de crème fraîche o crema ácida

**HOTCAKES**

2    tazas (300 g) de harina de trigo (simple)

2    cucharaditas de polvo para hornear

1    cucharadita de canela molida

¼    taza (50 g) de azúcar superfina (caster)

1 ¾    taza (430 ml) de buttermilk o yogurt

2    huevos grandes, ligeramente batidos

1    taza (250 g) de moras azules frescas o congeladas

¼    taza (60 ml) de mantequilla derretida, para asar

Azúcar glass, para espolvorear

1. Precaliente una plancha plana sobre un asador para intemperie o interior a fuego medio.

2. Para preparar la crema de canela, bata la crema, azúcar glass y canela en un tazón mediano hasta que se formen picos suaves. Agregue la crème fraîche y mezcle hasta integrar. Cubra y refrigere hasta el momento de usar.

3. Para preparar los hotcakes, cierna la harina, polvo para hornear y canela en un tazón mediano. Integre el azúcar. Bata el buttermilk y huevos en un tazón mediano. Integre la mezcla de buttermilk y las moras azules a los ingredientes secos y mezcle sólo hasta integrar.

4. Rocíe la plancha con mantequilla derretida. Usando un cucharón agregue alrededor de ¼ taza (60 ml) de masa sobre la plancha y cocine durante 1 ó 2 minutos de cada lado, hasta que empiecen a aparecer burbujas sobre la superficie y los hotcakes estén dorados por debajo.

5. Sirva calientes acompañados de una cucharada de crema de canela y espolvoreados con azúcar glass

Si a usted le gustó esta receta, también le gustarán:

**plátanos asados** con salsa de chile y chocolate

304

**peras asadas** con dukkah de yogurt de agua de rosas y pistache

306

# Índice

**B**

Baba ganoush de berenjena ahumada 32

Barramundi entero con salsa de curry
  amarillo 108

Berenjena asada a la parmesana 290

Berenjena asada con salsa miso 292

Brochetas de callo de hacha asadas con
  vinagreta de naranja y chile 84

Brochetas de camarón con mayonesa de
  wasabe 70

Brochetas de cordero a la menta 230

Brochetas de hígado de cordero con
  pancetta 232

Brochetas de lemon grass y camarones 66

Brochetas de pez espada con limón y
  orégano 86

Brochetas de puerco asadas 236

Brochetas de puerco tikka 234

Brochetas de rape y prosciutto 88

Brochetas de res con frijol negro 188

Brochetas de res satay estilo indonesio 186

Brochetas kofta estilo indio 228

**C**

Calamares con chile y frijoles negros 74

Callos de hacha con mantequilla
  de azafrán 82

Camarones al curry asados 72

Carne de res con especias chinas y fideo de
  arroz grueso 180

Carne de res marinada estilo coreano con
  ensalada de espinaca 196

Cigalas asadas con salsa de limón
  y pernod 78

Codorniz con salsa de almendra y granada
  roja 166

Colapez cubierto con dukkah 94

Cordero con salsa verde y ensalada 270

Cordero marinado al yogurt con calabacitas
  y chícharos 240

Cordero mechoui estilo marroquí 266

Cordero sumac con ensalada fattoush 222

Costillas de cordero con masala 238

Costillas de cordero con relleno de uvas
  pasas, queso feta y piñones 242

Costillas de puerco con ciruela
  sazonada 258

Costillas de res en salsa barbecue 204

**CH**

Chuletas de puerco con berenjena y
  pimientos sazonados 246

Chuletas de puerco con skordalia, ejotes y
  aceitunas 248

Chuletas de puerco glaseadas con ensalada
  de peras asadas 244

Chutney de betabel a las especias 20

Chutney de jitomate sazonado 28

Chutney de tomate y manzana 18

Chutney dulce de mango 22

**D**

Duraznos asados con sorbete
  de frambuesa 310

**E**

Elote asado con mantequilla de chile y
  cilantro 286

Ensalada de carne de res sellada estilo
  asiático 178

Ensalada de hinojo, achicoria y naranja
  asados 282

Ensalada de pulpos pequeños marinados 76

Ensalada de queso de cabra y ciruela 280

**F**

Fajitas con frijoles refritos y salsa
  mexicana 176
Fajitas de pollo con pimiento 116
Filetes de cordero a las especias baharat
  con pilaf de nuez y arándano 268
Filete con hongos asados y granos de
  pimienta verde 194
Filetes de merluza con ensalada de papa
  caliente 104
Filetes de rib-eye con jitomates asados y
  salsa bearnesa 202
Frituras de calabacita y maíz 294

**G**

Guacamole 40

**H**

Halloumi asado con compota de
  fruta seca 298
Hamburguesas de arroz integral
  y lentejas 274
Hamburguesas de atún niçoise 64
Hamburguesa de carne de res y tocino con
  jalea de cebolla 172
Hamburguesas de cordero estilo griego 216
Hamburguesas de cordero picantes de
  merguez 214
Hamburguesas de filete de pescado 62
Hamburguesas de frijol y verduras 276
Hamburguesas de puerco con cilantro y
  chile 220
Hamburguesas de puerco con salvia y
  pancetta 218
Hamburguesas tropicales de pollo 114
Higos rellenos de queso gorgonzola y
  envueltos en prosciutto 296
Hongos asados con pesto y

queso fontina 288
Hotcakes de moras azules y canela 314
Huachinango asado a la parrilla con salsa
  agridulce 106
Huachinango crujiente con salsa picante de
  coco 100
Hummus 38

**J**

Jalea de cebolla caramelizada 26
Jalea de chile 24

**L**

Lomo de res con rösti y crema
  horseradish 192

**M**

Mango asado con miel de limón
  y jengibre 302
Mar y tierra 198
Mayonesa 58

**O**

Ostiones asados con pancetta 80

**P**

Pancita de puerco asada estilo chino 256
Pancita de puerco con manzana y ensalada
  de hinojo 254
Pato con vinagre de naranja y caramelo 162
Pato hoisin con ensalada de pepino 164
Pavo con quínoa de nuez e higos 160
Pechuga de pollo asada con elote a la crema
  y salsa 140
Pechuga de pollo rellena con ratatouille 138
Peras asadas con dukkah de yogurt de agua
  de rosas y pistache 306
Pesto 36

Piernas de pollo con miel de abeja, salsa de soya y ajonjolí 150

Piernas de pollo estilo jamaiquino con arroz y frijoles 146

Piña asada con salsa de coco y ron 308

Plátanos asados con salsa de chile y chocolate 304

Pollo a las especias con ensalada de cebolla y jitomate 132

Pollo al cilantro y coco con arroz aromático 142

Pollo al curry rojo con ensalada de calabaza asada 152

Pollo o conejo asado con ensalada moghrabieh 168

Pollo al estragón con lentejas puy 148

Pollo asado con ensalada César 130

Pollo asado con ensalada estilo vietnamita 128

Pollo cajún con ensalada de aguacate y toronja 156

Pollo con mantequilla de ajo y puré de frijol blanco 144

Pollo con páprika ahumada y arroz español 154

Pollo marroquí con limón y aceitunas 136

Pollo piri-piri con limones asados 134

Pollo satay estilo tai 126

Pollo yakatori 124

Pollo za'tar con coliflor a las especias 158

Puerco a la granada roja con ensalada de bulgur y nuez 262

Puerco a la naranja y romero con puré de manzana y apio nabo 250

Puerco con corteza szechuan y brócoli chino 260

Puerco envuelto en prosciutto con puré de habas verdes 264

Puerco estilo tonkatsu con arroz integral 252

**Q**

Queso y polenta asados 300

**R**

Res teriyaki con aderezo de jengibre y pepino en salmuera 190

**S**

Salchichas de pollo e hinojo con polenta ligera 122

Salchichas de puerco e hinojo con col morada 224

Salchichas españolas con ajo, puré y chícharos 226

Salmón al miso con ensalada de germinado de frijol 96

Salsa barbecue ahumada 56

Salsa de chile dulce 52

Salsa de jengibre y pepino en salmuera 50

Salsa de jitomate 54

Salsa de jitomate y pimiento asado 42

Salsa de mojito de mango 46

Salsa de piña, chile y cilantro 44

Salsa mexicana de frijoles blancos y granos de elote 48

Sándwiches asados de verduras 278

Sándwiches de filete de res con chutney de betabel a las especias 174

Sándwiches de pollo schnitzel 112

Sardinas asadas envueltas en hoja de parra 90

Sardinas rellenas con hojuelas de hinojo 92

Schnitzel de ternera incrustada con gremolata 182

Sirloin a la parrilla con salsa chimichurri 208

Sirloin de res con salsa chimichurri y papas
    asadas 206

**T**
Tapenade de aceituna verde 30
T-bones con papas fritas cortadas a mano y
    huevos estrellados 200
Ternera asada con salsa de atún 184
Toronja asada con azúcar de vainilla 312
Tortitas de cangrejo tai con salsa de chile 68
Tortitas de pollo del Medio Oriente con pan
    plano y salsa de yogurt 118
Tortitas de pollo tai 120

Trozos de pescado con pasta chermoula y
    ensalada marroquí 102
Trucha marina con peperonata 98
Tzatziki 34

**V**
Verduras y queso asado con aderezo de
    toronja 284

**W**
Wraps de cordero estilo libanés 212

# Notas